Grupos y Dinámicas de Grupo: El Contacto en el Intergrupo y el Prejuicio

EDOARDO
ZELONI MAGELLI

Edición Original: octubre de 2010

"Gruppi e Dinamiche di Gruppo:
Il Contatto nell'Intergruppo e il Pregiudizio"

Primera Edición en español: noviembre de 2017

El Autor:

Psicólogo, Emprendedor y Consultor.
Edoardo Zeloni Magelli, nacido en Prato, Italia, en 1984.

En 2010, poco después de graduarse en Psicología del Trabajo y de las Organizaciones, lanzó su primera compañía startup. Como empresario, él es el CEO de Zeloni Corporation, una compañía de formación especializada en ciencias mentales aplicadas a los negocios. Su compañía es un punto de referencia para cualquiera que quiera realizar una idea o un proyecto. Como científico de la mente, él es el padre de la Psicología Primordial y ayuda a las personas a potenciar sus mentes en el menor tiempo posible. Un amante de la música y del deporte.

UPGRADE YOUR MIND → zelonimagelli.com

UPGRADE YOUR BUSINESS → zeloni.eu

No son sólo los libros bajo fuego lo que me preocupa ahora. Son los libros que nunca serán escritos. Los libros que nunca serán leídos. Y todo por miedo a la censura. Como siempre, los jóvenes lectores serán los verdaderos perdedores.

Judy Blume

La censura es hija del miedo y la madre de la ignorancia.

Laurie Halse Anderson

Dedicado a quienes han censurado
mi tesis universitaria:
"La Teoría de la Realidad"

Sin su censura,
este texto nunca se hubiera escrito.

Un agradecimiento especial
a los estudiantes que asistieron a
la censura de mi tesis:
"La Teoría de la Realidad"

Cuando miras a los títeres,
te das cuenta de lo agradable que es
pensar diferente, moverte de una manera
diferente y probar cosas diferentes.

ÍNDICE

Ψ

EXTRACTO

El prejuicio es un tema que ha generado un gran interés en las ciencias humanas y sociales, ya que se refiere a ámbitos y problemas, como la relación con la diversidad, la discriminación, la convivencia civil, la paz, la interculturalidad, de extrema importancia teórica, práctica y política. Este interés se ha intensificado desde la Segunda Guerra Mundial, en relación con los programas discriminatorios que se han desarrollado alrededor de las ideologías totalitarias, las importantes formas de racismo que han afectado a los Estados Unidos de América y en los últimos tiempos, el importante fenómeno migratorio que afecta a Europa. De acuerdo con la hipótesis del contacto (Allport, 1954), los encuentros entre miembros de diferentes grupos, si se realizan en condiciones favorables, pueden reducir los prejuicios.

En los últimos 20 años, algunos modelos teóricos que tienen su origen en la teoría de la identidad social (Tajfel, 1981), han propuesto ampliar la hipótesis del contacto, en particular, para identificar las condiciones que conducen a la generalización de los efectos positivos del contacto entre los miembros de un grupo conocido (grupo externo proximal) con los miembros de un grupo desconocido (grupo externo distal). Existen factores negativos como la ansiedad, el autoritarismo y las restricciones reglamentarias que merecen más atención, porque pueden convertirse en puntos clave para una futura investigación del contacto intergrupal. Tal énfasis permitiría una comprensión más completa de las condiciones que aumentan e inhiben los potenciales efectos positivos del contacto.

Más que en un fenómeno situacional, el contacto debe ubicarse en un contexto social, multinivel y longitudinal.

*Un grupo de personas
que comparten un objetivo común
puede llegar a lo imposible.*

Anónimo

*Si las hormigas se pusieran de acuerdo,
podrían mover a un elefante.*

Proverbio africano

1

GRUPO SOCIAL

En sociología y psicología social, un grupo, se define como un conjunto de personas que interactúan entre sí de una manera ordenada en función de las expectativas compartidas en relación a su respectivo comportamiento. Se trata de un conjunto de personas cuyo estado y roles están interrelacionados. Dado que los humanos son básicamente animales que son cooperativos, los grupos son una parte vital de la estructura social. Los grupos se forman y transforman constantemente; no necesitan ser autodefinidos y a menudo son identificados desde el exterior. Los grupos se mantienen unidos mediante la llamada cohesión, es decir, la intensidad de la relación entre los miembros de cada grupo. La cohesión está determinada por muchos factores, entre los que se encuentra la atracción mutua (es decir, los miembros se atraen mutuamente) o la identificación, cómo cada miembro se identifica con el grupo.

¿Por qué nacen los grupos? En nuestras vidas, el grupo es una parte fundamental: nacemos en un grupo, es decir, la familia, aprendemos en clase, jugamos juntos. Desde que el hombre está en la Tierra, siempre ha vivido en grupos. Dentro de un grupo, podemos satisfacer las necesidades, ya sean biológicas o psicológicas, que nosotros solos no podemos satisfacer. Entonces el grupo tiene como objetivo mejorar la supervivencia del individuo. Los psicólogos sociales evolucionistas, dicen que la selección natural no favorece a quienes viven en aislamiento, sino a quienes viven en grupo. Un grupo de personas es la unión de individuos que se reúnen en un lugar, con objetivos comunes más o menos declarados y explícitos. Cada persona lleva consigo características físicas, psicológicas, actitudinales, de carácter, relacionales, emocionales y afectivas que están determinadas por la historia pasada, la situación actual y las expectativas futuras.

Podemos definir a una persona, como una unidad compleja, al agregar que tiene como otra peculiaridad, la de tener la capacidad dinámica de modificarse a sí misma y modificar su entorno circundante. El grado de plasticidad que posee cada persona es muy variable, podría variar desde una capacidad mínima de cambio hasta una máxima disponibilidad.

*¿Cuál es el sonido
de una sola mano
que aplaude?*

Koan Zen

*Se necesitan dos piedras
para encender el fuego.*

Louisa May Alcott

2

LAS DINÁMICAS DE GRUPO

Kurt Lewin introduce el concepto de dinámica de grupo en psicología para indicar las relaciones que afectan a un grupo e influyen en su desarrollo y comportamiento. Un estudioso, al menos en su origen, perteneciente a la corriente de pensamiento que se refiere a la teoría de la Gestalt, formula la hipótesis de que el sistema de relaciones y comunicaciones que caracteriza a un grupo, puede considerarse como una especie de **"campo"**, donde las fuerzas se distribuyen y se concentran, no casualmente, para seguir las tendencias vinculadas a los equilibrios y las tensiones relacionadas con la vida asociativa.

Dentro de un grupo, o entre subgrupos, hay vínculos que están sujetos a un cambio que surge de una interferencia entre las condiciones individuales y características de cada participante y las del grupo, debido a las interacciones sociales y las percepciones interpersonales. La dinámica de grupo, por lo tanto, tiene como objetivo analizar la tendencia de las relaciones grupales; su estructura y su flujo. Aunque las contribuciones realizadas por diversos autores (después de Lewin), han hecho el problema mucho más complejo y han introducido principios interpretativos a veces muy distantes entre sí: como el sociométrico y el psicoanalítico, por ejemplo, podemos decir que es posible resaltar una serie de caracteres que se encuentran comúnmente dentro de cada grupo.

Con la expresión dinámica de grupo, se indica **la evolución de las relaciones en el grupo**. Tuckman (1965) propuso un patrón de evolución de la vida grupal que consta de cinco fases secuenciales:

- **Forming** (formación)

Los miembros del grupo se orientan y entienden cuál debe ser el comportamiento del coordinador y de los demás miembros.

- **Storming** (conflicto)

Se desarrolla un clima de hostilidad hacia otros miembros del grupo y / o su líder, principalmente debido a la incertidumbre por la falta de orientación y apoyo psicológico, la falta de estructuración y la resistencia a la estructura. Se desarrolla una resistencia emocional ante las exigencias de la tarea a realizar, como expresión de la propia indisponibilidad.

- Norming (estructuración)

Los miembros se aceptan unos a otros, y desarrollan la política de grupo con la que todos se sienten comprometidos.

- Performing (actividades)

Los miembros del grupo aceptan su rol y trabajan para lograr sus objetivos.

- Adjourning (actualización)

Los miembros del grupo deciden suspender las actividades para evaluar el modus operandi y los resultados obtenidos.

La cohesión del grupo define el nivel de solidaridad entre los miembros, pero también el compartir reglas y el sentido de pertenencia. Esta cohesión también está determinada por factores emocionales. La expresión **procesos grupales dinámicos**, se refiere a las dinámicas relacionales y afectivas que tienen lugar en grupos terapéuticos (el concepto se usa particularmente en el campo Analítico de Grupo). Ahora veremos cómo el grupo, considerado en su conjunto, se mueve en el plano de la dinámica principal en sus diversas fases de la vida, similar a lo que sucede en un organismo vivo, que podemos encontrarlo en casi todos los grupos.

El primer movimiento se refiere al **nacimiento del grupo**, que transforma a sus miembros y el contexto externo de una manera atractiva y repulsiva al mismo tiempo. Hay una oscilación entre el deseo y el miedo. El deseo de novedad, el intercambio de pares, la creación de un nuevo sujeto, de la solidaridad posible y del aumento mutuo de la fuerza para llevar a cabo las actividades. El miedo es la mutación inevitable que realizará el grupo en los miembros y en el contexto, y producirá momentos de inseguridad y crisis que requieren un cierto compromiso para ser superados.

Otra dinámica importante es la del **crecimiento**, entendido como el fortalecimiento del refinamiento de las habilidades, el aumento de la seguridad y la búsqueda de satisfacción con la propia autonomía. Cada oscilación de crecimiento, enfrenta al grupo con el cambio, es decir, la hipótesis de avance y ruptura. Cada rol y cada norma que un miembro intenta cambiar, requiere el cuestionamiento de todo el grupo en su conjunto.

La dinámica que cruza casi constantemente el camino de un grupo, es el **movimiento entre la diferenciación y la comunión**. El grupo es un conjunto de diversidades que, por un lado, buscan la comunión y el intercambio, pero por otro lado quiere mantener la distinción entre las características de sus individuos y su identidad. El movimiento del grupo se dirigirá hacia el más alto grado de integración y diferenciación, aumentando la unidad y al mismo tiempo, mejorando las singularidades individuales.

Con la **decisión**, estamos en presencia de uno de los movimientos más extenuantes, porque la elección de algo, significa la exclusión de otra cosa. Dado que las elecciones se realizan sobre la base de las opciones propuestas por los individuos, uno puede comprender cómo la exclusión puede alimentar al fantasma de la culpa y, en consecuencia, ser inadecuado para otros miembros del grupo. El esfuerzo por llegar a una decisión creativa que incluya todas las opciones es muy difícil, si no imposible.

La dinámica de la **acción**, entendida como el

movimiento para la implementación de una tarea, es un momento en que el grupo se enfrenta a la realidad. A nivel emocional, tenemos un estado de tensión junto con uno de miedo, es decir, el deseo de llevar a cabo la actividad, está flanqueado por el deseo de escapar de ella.

Con la dinámica del **espejo**, el grupo tiene la posibilidad de reflexionar sobre sí mismo, sobre el modo de acción e interacción. Se necesita un buen nivel de fuerza emocional, seguridad y autoestima para enfrentarse a la realidad y reflejarse en ella. El riesgo detrás de esta dinámica está representado por una autocrítica excesiva o una excesiva autosatisfacción. Entre los extremos de "nada está bien" y "somos demasiado buenos", debemos ser capaces de identificar objetivamente las fortalezas y debilidades del grupo, y el líder en este caso, puede jugar un papel importante como observador externo para equilibrar los efectos.

Y finalmente están las **defensas,** que el grupo, pero también los individuos, están implementando para controlar, ralentizar o detener un proceso de cambio. Generalmente, las defensas son un indicador de buena salud, pero cuando se vuelven fijas e insistentes, pueden causar asfixia y parálisis en el grupo o sus miembros. No se trata de desmantelar las defensas, ya que esto provocaría que los miembros huyeran del grupo o su posterior cierre, sino de hacerlas evidentes, explícitas y conscientes, para dar al grupo la posibilidad y la libertad de superarlas. Dependiendo del tipo de miedo, podemos encontrar varios modos defensivos, tanto a nivel de grupo como individualmente.

Fig.1 La Dinámica de Grupo (Zeloni Magelli, 2010)

*Es más fácil desintegrar un átomo
que un prejuicio.*

Albert Einstein

*Cada persona que conoces, está luchando una
batalla de la que tú no sabes nada.
Sé amable. Siempre.*

Platón

3

EL PREJUICIO

Un prejuicio es un esquema mental, una simplificación, una distorsión de la realidad y un fenómeno social arraigado en el sistema regulador de la sociedad. Es una actitud de un grupo social hacia otro grupo, basada únicamente en su pertenencia al grupo. Imagínese que le digan que el próximo semestre compartirá la sala con un estudiante de Gran Bretaña, Francia, Arabia Saudita o Israel. El solo hecho de saber que su nuevo compañero de habitación proviene de un país en particular, tenderá a desencadenar ciertas actitudes basadas en ciertas creencias sobre cómo será esa persona (los británicos son reservados, los franceses tienen una sensibilidad artística, los estadounidenses son serios y emprendedores, y así sucesivamente). Algunas de estas actitudes serán positivas, otras negativas.

Aunque los prejuicios parecen ser universales, en algunos aspectos varían de una cultura a otra, por lo que, por ejemplo, los prejuicios frente a los franceses cambiarían, si nos trasladamos de Canadá a Argelia (Moghaddam, 2002). En 1977 se realizó un experimento sobre los **prejuicios de la apariencia física** (Snyder, Tanke y Bershied, 1977). Los investigadores hicieron creer a los sujetos examinados, a través de fotografías falsas, que la persona con la que estaban hablando por teléfono era una mujer atractiva, o viceversa, poco atractiva. Tal representación temprana desencadenó diferentes comportamientos en el interlocutor; la interacción con las mujeres atractivas, fue juzgada como más amistosa, más comprensiva y más agradable que la interacción con las mujeres no atractivas.

En un **experimento** (Tajfel y Wilkes, 1963), se les pidió a los participantes que estimaran la longitud de ocho líneas, que en realidad diferían entre sí según una relación constante. Para los participantes del grupo 1, las cuatro líneas más cortas se etiquetaron como A y las cuatro más largas como B. Para los participantes del grupo 2, las ocho líneas se mostraron sin ninguna etiqueta. Tras una serie de presentaciones, los participantes del grupo 1, mostraron una tendencia sistemática a exagerar las diferencias entre las líneas de los grupos A y B y también a considerar las líneas dentro de cada categoría como más similares entre sí, de lo que realmente eran. Este efecto de la **diferenciación entre los grupos** y la **homogeneidad dentro del grupo** no apareció en las estimaciones realizadas por los participantes ubicados en segundo grupo.

Se preguntarán qué tiene que ver la estimación de la longitud de algunas líneas, con el prejuicio. Mucho, porque las mismas consecuencias fundamentales de la categorización, podrían estar presentes en la **categorización de las personas**. Las investigaciones sobre la forma en que los individuos perciben a los miembros del grupo interno en contraposición a los miembros del grupo externo, proporciona datos que respaldan esta visión (Judd y Park, 1988). Parece que la mayoría de los individuos perciben más variabilidad en su propio grupo (<<Somos individuos diferentes con nuestras propias personalidades peculiares>>) que en grupos externos (<< Todos parecen ser iguales, realmente no los puedo distinguir>>). Una de las consecuencias prácticas de esta distorsión de la percepción, es que, en los procesos judiciales, los testigos son más precisos al identificar a los miembros de su propio grupo étnico que a los miembros de otros grupos (Anthony, Copper y Mullen, 1992).

No juzgues
y nunca te equivocarás.

Jean Jacques Rousseau

Pocas son las personas
que ven con sus ojos
y piensan con sus mentes.

Albert Einstein

4

EL PREJUICIO COMO PROCESO INTERGRUPAL

El prejuicio es un tema que ha suscitado un gran interés en las ciencias humanas y sociales, ya que se refiere a áreas y problemas - como la relación con la diversidad, la discriminación, la convivencia civil, la paz, la interculturalidad - de extrema importancia teórica, práctica y política. Este interés se ha intensificado desde la Segunda Guerra Mundial, en relación con los programas discriminatorios que se han desarrollado alrededor de las ideologías totalitarias, las formas importantes de racismo que han afectado a los Estados Unidos de América y en los últimos tiempos, el importante fenómeno migratorio que afecta a Europa.

Eminentes estudiosos han indicado como **bases del prejuicio,** algunas características de personalidad, reduciéndolo a un **fenómeno esencialmente individual**, aunque influenciado por procesos sociales como la educación familiar

(Adorno, Frenkel-Brunswick, Levinson y Sandford, 1950).

La **perspectiva psicosocial**, por otro lado, tiene su propio sentido, al percibir el prejuicio como un proceso intergrupal (Brown, 1995). En la tradición psicosocial, de hecho, es posible encontrar enfoques y teorías que, aunque con diferentes argumentos, expliquen el prejuicio y la discriminación como fenómenos relacionados con la dinámica de grupos.

A partir del trabajo ahora clásico de Allport (1954), ha surgido un amplio consenso entre los estudiosos sobre la suposición de que siempre hay una categorización social en la base del prejuicio: **el prejuicio es tal porque está sujeto a un individuo como miembro de una categoría específica.** En los famosos estudios sobre relaciones intergrupales, los minimalistas, Tajfel y sus colegas (1971), encontraron evidencia en apoyo a la tesis de que la categorización en diferentes grupos (intergrupo vs. exogrupo) es una condición necesaria y suficiente para que surja el conflicto intergrupal y siente las bases para la discriminación de los miembros hacia el grupo externo. La **Teoría de la Identidad Social** (Tajfel y Turner, 1979) establece que el favoritismo hacia el grupo interno y la discriminación del grupo externo, se basan en la motivación individual para mantener una alta autoestima: ya que la propia imagen está fuertemente vinculada a grupos con que el sujeto se identifica, éste se verá envuelto en una serie de enfrentamientos sociales en los que tenderá a promover una imagen positiva de sus propios grupos a expensas de los grupos externos.

Por otro lado, se ha demostrado ampliamente que, aparte de la mera categorización, existen varios factores que pueden influir en el conflicto intergrupal (Rubini y Moscatelli, 2004). En el modelo de Sherif (1967), la **compatibilidad de los objetivos** que los grupos se fijan a sí mismos, es un factor fundamental en la génesis del conflicto intergrupal. Compartir un propósito, de hecho, es según el autor, la base de la interdependencia entre los miembros del grupo interno y la cooperación dentro del mismo. De la misma manera, el hecho de que los grupos internos y los grupos externos, tengan propósitos incompatibles, crea una situación de interdependencia negativa entre los dos grupos que determina el conflicto. En otras palabras, el conflicto entre grupos está determinado por la competencia resultante de objetivos irreconciliables y / o la escasez de recursos.

Este modelo, conocido como **Teoría del**

conflicto social (Campbell, 1965; Sheriff, 1967) ha sido cuestionado por los estudios de Tajfel y sus colaboradores; Sin embargo, el propio Tajfel (1982) reconoció el importante papel que la interdependencia, sobre una base objetiva/instrumental, desempeña en los conflictos intergrupales, sentando las bases para el prejuicio y la discriminación. En la literatura internacional reciente, hay también varias confirmaciones del efecto negativo que la competencia, sobre una base real/material, ejerce sobre las actitudes intergrupales (Esses, Dovidio, Jackson y Armstrong, 2001; Moghaddam, 2008), y las complejas interacciones entre la competencia, la cooperación, la superioridad y la percepción de similitud con el grupo exterior, surgen como temas de extrema importancia (Brewer, 2005; Rikke y Sacramento, 2008).

Escuchar sin prejuicios ni distracciones
es el mejor regalo que puedes
hacerle a otra persona.

Denis Waitley

Las personas siempre juzgan
a los demás teniendo como modelo, sus propias
limitaciones y, a veces, la opinión de la comunidad
está llena de ideas preconcebidas y temores.

Paulo Coelho

5

NUEVAS FORMAS DE PREJUICIO

En la literatura psicosocial, en las últimas décadas, el interés de los académicos se ha centrado en las "nuevas" formas de prejuicio, o en las expresiones indirectas y menos obvias de discriminación exógena que permanecen en el mundo contemporáneo, a pesar de la amplia legislación social que hace poco deseables las expresiones de prejuicio hacia las minorías (Pettigrew y Meertens, 1995). Por lo tanto, junto con las formas de prejuicio "anticuadas", se han propuesto construcciones teóricas que apuntan a formas de prejuicio más sutiles y menos socialmente indeseables: el racismo moderno (Akrami, Ekehammar y Araya, 2000; McConahay, 1986), el sexismo moderno (Benokraitis y Feagin, 1986), el racismo "aversivo" (Gaertner y Dovidio, 1986), el prejuicio sutil (Pettigrew e Meertens, 1995), el racismo simbólico (Sears, 1988). Paralelamente al esfuerzo de conceptualización teórica, los académicos han perseguido un trabajo metodológico que ha permitido nuevos desarrollos con respecto a la medición de las diversas formas de prejuicio: en la actualidad hay una amplia gama de técnicas que están sujetas de diferentes formas, al control intencional de las personas, y por lo tanto, a la **influencia de la deseabilidad social** (Maass, Castelli, Arcuri, 2005), desde el cuestionario tradicional en papel y el lápiz hasta el registro de índices fisiológicos como la conductancia cutánea (La Barbera, Andrighetto e Trifiletti, 2007).

Entre estos dos extremos encontramos algunas medidas que permiten a los sujetos solo un "cierto" grado de control intencional; tales técnicas han sido muy exitosas debido a su capacidad para combinar las ventajas de las herramientas estructuradas de autoinforme (baja intrusión, alta eficiencia en términos costo-contacto) con un nivel de medición y representación de fenómenos más sofisticados y complejos que el método del "papel y lápiz" más tradicional.

Entre estas herramientas está la famosa **escala de prejuicio manifiesto y sutil** de Pettigrew y Meertens (1995), que ha desencadenado un amplio debate a nivel teórico y metodológico. (Pettigrew y Meertens, 2001, Coenders, Scheepers, Snidermann y Verberk, 2001; Leone,

Chirumbolo y Aiello, 2006, Mancini y Carbone, 2007) y ha sido utilizada y validada en varios países (Hamberger y Hewstone, 1997; Pedersen y Walker, 1997; Rueda y Navas, 1996; Vala, Brito y Lopes, 1999).

Pettigrew y Meertens (1995) distinguen los aspectos manifestos (flagrantes) de los prejuicios, que son más controlables y socialmente indeseables, de los aspectos sutiles, relacionados con un componente indirecto y más profundo de rechazo del exogrupo.

En la propuesta teórico-metodológica de los autores, el **prejuicio manifesto,** tiene dos componentes, la **amenaza percibida** por el exogrupo y el **rechazo a la intimidad** con los miembros de este último, mientras que el **prejuicio sutil** consiste en tres componentes, la **defensa de los valores y las tradiciones** endogrupales, **la exasperación de las diferencias** intragrupo-extragrupo y finalmente la **supresión de las emociones positivas** hacia los miembros del grupo externo. Los dos estudiosos han construido y validado un cuestionario para medir las dos formas de prejuicio en Europa; se compone de 20 elementos (10 por el prejuicio manifesto y el mismo número para el sutil) con respecto a los cuales se les pide a los encuestados que indiquen su grado de acuerdo usando una escala Likert de 4 pasos. Las escalas de Pettigrew y Meertens han sido traducidas y validadas en italiano por Arcuri y Boca (1996) y utilizadas en numerosos estudios sobre prejuicios hacia diferentes grupos determinados.

*El conflicto es un componente integral
de la vida humana
está dentro de nosotros
y a nuestro alrededor.*

Sun Tzu

*Los conflictos más grandes no son entre dos
personas, sino entre una persona y ella misma.*

Troyal Garth Brooks

6

EL CONFLICTO

Según **hipótesis de contacto de Allport** (1954), para reducir la tensión entre grupos, se deben cumplir una serie de condiciones:

- Igualdad de estatus entre los dos grupos de contacto

Si la situación no está equilibrada y uno de los grupos está en la posición inferior, es probable que se refuercen los estereotipos actuales.

- Cooperación / experiencia exitosa

Los dos grupos deben trabajar juntos para lograr un propósito común. Si las personas dependen unas de otras con el propósito de adquirir un objetivo, tienen razones instrumentales para desarrollar relaciones más amistosas.

- Relaciones personales y profundas

La profundización de los conocimientos a nivel personal, que puede conducir a una falsificación de algunos estereotipos negativos del grupo externo gracias a esa nueva información. No necesariamente conduce a una percepción de mayor similitud.

- Apoyo institucional y social

Hay dos puntos, el primero es la intervención directa de la autoridad y la posibilidad de sanciones en el caso de relaciones incorrectas entre los grupos o episodios de discriminación. El otro punto es que las experiencias de contacto no pueden ser episodios aislados o limitados a un contexto único (escuela, trabajo, hogar...) porque se experimentarían como excepciones a la regla de separación entre los grupos.

En un proyecto de investigación, Sherif y sus colegas se aseguraron de que dos grupos de estudiantes, rivales entre sí, cooperaran para la consecución de objetivos superiores, es decir, objetivos que tenían un fuerte atractivo para los dos grupos, pero que fueran imposibles de alcanzar si no fuera por el compromiso conjunto de todos. Se crearon situaciones problemáticas ad hoc, donde los dos grupos debían trabajar juntos y pronto se dieron cuenta de la falacia de las creencias mutuas acerca del otro grupo. Los investigadores tuvieron la confirmación definitiva de la resolución del conflicto cuando los miembros de los dos grupos pasaron juntos una noche cantando y jugando alegremente. Este experimento le permitió a Sherif articular la **Teoría Realista del Conflicto** (Sherif, 1966).

La **hostilidad entre grupos** está determinada por la competencia por la posesión de recursos materiales. La existencia de intereses opuestos da lugar a una serie de cambios en la relación intergrupal, en los que los individuos comienzan a pensar de manera estereotipada y a alimentar actitudes prejuiciosas hacia el grupo exterior. Otras investigaciones confirman también esta hipótesis (Haslam y otros, 1992; Taylor y Moriarty, 1987).

Se ha planteado la cuestión de si la **mera pertenencia a un grupo** podría influir en las actitudes y el comportamiento hacia las personas que no forman parte de él. Tajfel, en este sentido, ideó un modelo llamado **"Paradigma de grupos mínimos"**. En sus experimentos, para identificar las condiciones mínimas que dan lugar a la discriminación contra un grupo externo, se crearon "grupos" sin una estructura interna.

En una investigación (Tajfel, Billing, Bundy, Flament., 1971) los sujetos creían que tenían que participar en un experimento de toma de decisiones. Su primer tarea, fue hacer un juicio sobre una serie de pinturas de dos autores. Luego se les informó, que según sus preferencias se dividirían en dos grupos. No sabían la identidad de sus compañeros o la de los miembros del otro grupo. Los sujetos tenían la tarea de decidir cómo distribuir pequeñas sumas de dinero entre todos los participantes, excluyéndose a sí mismos. Al tratarse de una situación "mínima", se esperaba que los sujetos otorgaran recompensas más o menos equivalentes entre los miembros de los dos grupos, en cambio los sujetos tendían a favorecer a los miembros de su propio grupo. Esto también fue a costa de renunciar al máximo beneficio para el propio grupo.

¿Por qué este favoritismo para el endogrupo? De acuerdo con la **Teoría de la Identidad Social** de Tajfel y Turner (1979), una condición necesaria pero no suficiente para la conducta de favoritismo hacia el endogrupo, es la categorización. La teoría de la identidad social enfatiza cómo cada uno de nosotros tiende a buscar elementos que diferencien de manera positiva el grupo al que pertenecemos.

Teoría de la privación relativa (Davis, 1959): Es la comparación con un grupo externo considerado mejor, lo que conduce a un estado de privación relativa, es decir, a una insatisfacción con las condiciones de vida actuales (Runciman, 1966). Algunos requisitos previos que conducen a la privación relativa:

- *El grupo externo debe ser similar al propio grupo y tener alguna característica que la persona desee*

- *Tal característica debe considerarse como una cuestión de derecho incluso para su propio grupo*

- *La ausencia de la característica deseada debe atribuirse a factores externos al grupo y no a su culpa.*

La clase social es una característica destacada del **conflicto intergrupal**, al dar menor relevancia a la clase social, se reducen los estereotipos y prejuicios. Esto es lo que Brewer y Miller (1984) proponen con el **"modelo de decategorización"**: el contacto repetido a lo largo del tiempo con el grupo externo, debería llevar a una falsificación de las creencias negativas asociadas a ellos. Si se desea obtener una relación intergrupal basada en la tolerancia mutua, se necesita una recategorización. Otro sistema destinado a resolver el conflicto intergrupal se basa en la **cooperación** para alcanzar objetivos superiores. Una de las aplicaciones más populares de la estrategia de objetivos superiores se conoce como **"técnica de puzzle"** (Aronson et al. 1978; Aronson e Bridgeman, 1979) y tiene por objeto, reducir el antagonismo existente entre los compañeros de clase pertenecientes a diferentes grupos étnicos y razas.

Fig.2 El Contacto Intergrupal (Zeloni Magelli, 2010)

No hay progreso sin conflicto,
esta es la ley que la civilización
ha seguido en nuestros días.

Karl Marx

Siempre somos extraños para alguna persona.
Aprender a vivir juntos es
luchar contra el racismo.

Tahar Ben Jelloun

7

EL CONTACTO INTERGRUPAL

Según la Hipótesis de Contacto (Allport, 1954), la reunión entre miembros de diferentes grupos, si tiene lugar en condiciones favorables, puede reducir los prejuicios. En los últimos 20 años, algunos modelos teóricos, que tienen su origen en la teoría de la identidad social (Tajfel, 1981), han propuesto ampliar la hipótesis de contacto en particular para identificar las condiciones que conducen a la generalización de los efectos positivos de contacto entre los miembros del grupo conocido (grupo externo proximal) con los miembros del grupo que no se conocen (grupo externo distal).

De acuerdo con la **teoría de contacto intergrupal** (Brown y Hewstone, 2005), la generalización, es posible si se conserva la presencia de identidades originales en el contacto. Según el modelo de **identidad de grupo común** (Gaertner y Dovidio, 2000), la relevancia en el contacto de una identidad superior, que incluya tanto a los miembros del grupo como a los de fuera de él, puede facilitar la reducción de los prejuicios.

El contacto entre los miembros de diferentes grupos, sin embargo, también puede producir consecuencias negativas, tales como la ansiedad y la incertidumbre (Stephan y Stephan, 1985). Richeson y Shelton (2003; véase también Richeson Trawalter y Shelton, 2005) han demostrado que el contacto intergrupal, puede afectar negativamente el rendimiento cognitivo. En una serie de estudios, Richeson y sus colegas, han demostrado que el **rendimiento en una tarea cognitiva** (Test de Stroop) fue peor para aquellos que habían tenido contacto con un miembro de un grupo externo, que aquellos que conocían a un miembro del grupo interno. Además, este efecto solo estuvo presente en participantes con altos niveles de prejuicio explícito o implícito.

La investigación y la teoría del contacto intergrupal, han recibido un renovado interés en los últimos años. Existe una necesidad continua de **especificar procesos de contacto intergrupal** que explica sus múltiples efectos. Este es un llamado a esfuerzos continuos para determinar los muchos mediadores y moderadores involucrados. Se necesita más atención hacia el contacto negativo.

La interacción entre los grupos cruzados, que conduce a un aumento en los prejuicios, no se ha estudiado sistemáticamente. Más que un fenómeno situacional, el contacto debe ubicarse en un contexto social, multinivel y longitudinal. Se necesitan aplicaciones de política social más directas, en las que se considere el contacto dentro de entornos institucionales específicos.

Los prejuicios étnicos, a veces pueden ser reforzados por el contacto. El grupo dominante puede sentirse amenazado por el grupo minoritario, que "ocupa" los espacios y recursos (por ejemplo, ocupa empleos, casas, etc.). La importancia de las emociones probadas (por ejemplo, irritación si la proximidad es mayor) y el problema de la generalización del efecto (por ejemplo, me gusta mi amigo Jamal, aunque es marroquí, es muy agradable, pero los demás...).

Tendrás una vida más interesante
si usas ropa impresionante.

Vivienne Westwood

Solo necesitamos de un silencio
de una pausa, de una amnistía:
un tiempo para reconectarnos
con nuestra auténtica identidad.

Christiane Singer

8

MODELOS PSICOSOCIALES RECIENTES

Los modelos más recientes propuestos para mejorar las relaciones intergrupales, se basan en la inducción de cambios en la forma en que las personas utilizan las categorizaciones sociales y son los siguientes: la *descategorización*, la *recategorización* y la *diferenciación mutua*.

Descategorización

Propone que, si la pertenencia a un grupo pierde prioridad sobre la consideración del otro, en favor de contacto personalizado, entonces será posible un encuentro a nivel interpersonal en el intergrupo: esto debería facilitar la reducción del favoritismo hacia el propio grupo (Brewer y Miller, 1984). Uno de los problemas con este enfoque, es la dificultad de generalización, desde el encuentro interpersonal a la mejora de la actitud hacia todo el grupo étnico minoritario.

Recategorización

Su objetivo es estructurar la categorización grupal a un nivel más alto y más inclusivo. Se obtiene mediante el aumento de la prominencia de la pertenencia a grupos cruzados o de nivel superior, facilitando que las personas se perciban entre sí como miembros de un grupo cercano al suyo en una dimensión determinada, mejorando así las relaciones intergrupales. Un ejemplo es la introducción de una identidad de grupo común (Gaertner y Dovidio, Anastasio, Bachman y Rust, 1993), transformando la representación de la pertenencia de dos grupos a un grupo inclusivo. (Por ejemplo, somos blancos y negros, pero todos somos estudiantes de la misma escuela).

Diferenciación mutua

Se Alienta a los grupos a enfatizar su carácter distintivo, pero en un contexto de interdependencia cooperativa. En la práctica, esto es para salvaguardar las diferencias entre los grupos / culturas (donde las minorías a menudo se sienten amenazadas en su especificidad por los intentos de integración) al tiempo que se subraya, que las reuniones se llevan a cabo con los miembros locales de un grupo y no con los miembros atípicos, es decir, los individuos que podrían ser agradables, pero no representan al grupo étnico. Esto debería permitir la modificación de los estereotipos y la generalización de actitudes positivas hacia todo el grupo externo (Hewstone y Brown, 1986).

*La gente tiene prejuicios sobre las naciones
de las que no tienen conocimiento.*

Philip Gilbert Hamerton

*Mi esperanza para el planeta
reside en mis hijos y nietos.*

Joanne Woodward

9

DIRECCIONES FUTURAS PARA LA TEORÍA DE CONTACTO EN EL INTERGRUPO

En la literatura, han aparecido cientos de ensayos y capítulos de libros, acerca de las relaciones intergrupales en las últimas décadas. Este intenso y renovado interés en la modesta hipótesis de Allport (1954) ha llevado a un área en expansión de la psicología social de las relaciones intergrupales. La hipótesis se ha ampliado hasta convertirse en a una teoría desarrollada (Brown y Hewston, 2005, Pettigrew, 1998) y muestra su aplicabilidad a una amplia variedad de grupos. Su argumento principal es que el contacto suele disminuir **los prejuicios en el intergrupo** y esto ha recibido un sólido apoyo meta-analítico. Un meta-análisis de 516 estudios obtuvo una medida promedio del efecto entre el contacto y el prejuicio de $r = -0.21$. También resultó que el 95% de los 516 estudios informaron una correlación negativa entre el contacto y los prejuicios de muchos tipos. Pero existe una gran heterogeneidad en las medidas de los prejuicios, lo que revela efectos más amplios de indicadores y estereotipos cognitivos. Las investigaciones más rigurosas y recientes con estudios experimentales han determinado un promedio más alto, produciendo un efecto de r = -0.33. Estos resultados y sus implicaciones han iniciado un esfuerzo enfocado en comprender el proceso y **maximizar su efecto**.

Como hemos visto antes, la hipótesis de contacto de Allport (1954) argumenta que, para reducir la tensión entre grupos, se deben cumplir las siguientes condiciones:

- Igualdad de estatus entre los dos grupos de contacto

- Cooperación / experiencia exitosa

- Relaciones personales y profundas

- Apoyo institucional y social

El examen meta-analítico, sin embargo, indica que estas condiciones ofrecen un conjunto que facilita el efecto, pero que no es esencial para reducir el prejuicio (Pettigrew y Tropp, 2006). Es probable que la amistad entre grupos cruzados abarque muchas de las condiciones de Allport. Dichas amistades pueden proporcionar un amplio contacto en múltiples contextos sociales con acceso a redes de amistad entre grupos y oportunidades para la *auto-revelación*. De hecho, las investigaciones han confirmado repetidamente que la amistad está esencialmente relacionada negativamente con el prejuicio. De hecho, **la reducción los prejuicios relacionados con la amistad** (en el intergrupo) se aplicará incluso a otros grupos externos no involucrados en la situación de contacto. Las personas sesgadas, evitan el contacto con los objetos de su prejuicio y las personas sin prejuicios, buscan tal contacto. Los estudios longitudinales de los efectos del contacto son raros. Pero los pocos que existen revelan que **el contacto óptimo reduce los prejuicios** con el tiempo, incluso cuando los investigadores han eliminado la posibilidad de *selección de participantes*. Por lo tanto, varios métodos convergen para sugerir que, si bien ambas secuencias funcionan, el efecto más importante es la reducción del prejuicio en el contacto intergrupal.

Con toda la atención ahora dedicada al tema, la teoría de contacto avanza rápidamente en muchas direcciones nuevas. Pettigrew y Tropp (2006) encontraron en su meta-análisis de efectos de contacto, que la teoría es igualmente buena para diferentes grupos, etnias, razas y grupos culturales, para los cuales la teoría fue originalmente pensada. Estos otros tipos a menudo son grupos externos estigmatizados como los homosexuales (Herek y Capitanio, 1996), personas sin hogar (Lee, Farrel y Link, 2004) y discapacitados físicos y mentales (Pettigrew y Tropp, 2006). La mejora de **las actitudes intergrupales en contacto**, entonces, es un fenómeno general. Su aplicabilidad sugiere que podría estar relacionado con procesos básicos, como el **efecto de mera exposición** de Zajonc (1968). Los investigadores han demostrado repetidamente, que una mayor exposición a los objetivos, puede aumentar significativamente el placer de ese objetivo. Los trabajos sobre la relación entre la exposición y la simpatía indican que la reducción de la incertidumbre es un mecanismo importante que subyace a estas relaciones (Lee, 2001). Stephan, Stephan y Gudykunst (1999) comenzaron la tarea de combinar las teorías de reducción de la incertidumbre y las teorías de reducción de la amenaza.

Completando esta visión, una reciente investigación, señala la importancia de esta reducción de la amenaza en el intergrupo y la reducción de la ansiedad para lograr **reducciones en los prejuicios.** Impresionantes han sido las investigaciones psicológicas de Blascovich, Mendes, Hunter y Lickel (2000) y Mendes, Blascovich, Lickel y Hunter (2002). Estos investigadores observan que los estudiantes universitarios estadounidenses que han tenido una amplia experiencia con afroamericanos, muestran una ansiedad significativamente menor sobre la interacción grupal, que los estudiantes que no han tenido esa experiencia. Los estudios también han empleado una amplia gama de variables dependientes, así como la reducción del prejuicio por sí solo, aunque algunos críticos de la teoría de contacto parecen ignorar este hecho (Dixon, Durcheim y Tredoux, 2005). Este trabajo revela que tener amigos en el grupo externo puede generar **efectos positivos** más allá de la mera reducción de los prejuicios. Por lo tanto, las personas que experimentan amistades entre grupos, generalmente perciben una mayor variabilidad fuera del grupo que otras. El contacto también puede conducir a una mayor **empatía** con el grupo externo, así como a **reducir la ansiedad de interacción** entre grupos.

De hecho, como se describe a continuación, la reducción de la ansiedad y el aumento de la empatía podrían ser (serán) mediadores esenciales para otros efectos de contacto positivos. Investigaciones recientes en Irlanda del Norte encuentran que la amistad en el intergrupo también puede generar **perdón y confianza** entre católicos y protestantes que han sufrierido personalmente la violencia sectaria (Hewstone, Cairns, Voci, Hamberger y Niens, 2006). Wright, Aron, McLaughlin-Volpe y Roppe (1997) introdujeron otra expansión importante. Estos investigadores han propuesto un proceso de contacto indirecto extenso. Con los estudiantes universitarios estadounidenses, presentaron evidencia tanto correlacional como experimental para demostrar de que solo el hecho de tener **amigos en el intergrupo que tienen amigos en el grupo externo,** contribuye a disminuir los prejuicios. Esto ha sido replicado en Europa. En dos muestras en Irlanda del Norte, Paolini, Hewstone, Cairns y Voices (2004) han demostrado que **el contacto indirecto tiene el poder de reducir los prejuicios.** Y el análisis de los datos de una investigación alemana, también ha revelado los efectos indirectos del contacto. Pero las actitudes modificadas producidas por el contacto indirecto no son tan fuertes como las del contacto "directo". Por ejemplo, pueden cambiar fácilmente y regresar a la etapa inicial.

Sin embargo, los efectos de contacto indirectos son particularmente importantes para quienes viven en áreas segregadas y no tienen amigos en el grupo externo. La gran mayoría de los estudios de contacto de grupos, se centraron en los efectos de la interacción de una mayoría o de un grupo más poderoso y no estigmatizado. Pero recientemente, una serie de estudios de Richeson y Shelton (2007) se enfocaron en una minoría. Muestran que los estudiantes afroamericanos que esperan que los blancos se vean influenciados por los prejuicios, y aquellos que tenían a priori actitudes negativas hacia los blancos, informan de muchas experiencias negativas en **contacto interracial**. (Shelton & Richeson, 2006). Al menos en los encuentros, a los participantes negros les gustaban los blancos que se esforzaban por ser menos prejuiciosos, aunque probablemente fueran más prejuiciosos (Shelton, Richeson y Salvatore, 2005; Shelton, Richeson, Salvatore y Trawalter, 2005). Esta investigación, combinada con otros trabajos (por ejemplo, Chavous, 2005, Richeson y Shelton 2007, Tropp, 2003) subraya el importante punto de que *la teoría de contactos debe tener en cuenta los factores subjetivos de los miembros mayoritarios y minoritarios.*

Estos avances recientes plantean nuevas preguntas y aumentan las perspectivas de evoluciones futuras. Entre las muchas posibilidades, existen actualmente cuatro direcciones interconectadas probables:

- *Especificar los procesos de contacto*

- *Mayor atención al contacto que genera efectos negativos: el aumento de prejudicios, la desconfianza y el conflicto*

- *Posicionar el contacto en su contexto social, longitudinal y multinivel*

- *Aplicar el contacto a la política social de múltiples niveles*

9.1

ESPECIFICAR LOS PROCESOS DE CONTACTO

Hoy sabemos mucho sobre cómo las mayorías y las minorías ven, y reaccionan al contacto intergrupal. Ahora estos prospectos rivales deben combinarse en un único modelo dinámico multinivel. Un comienzo hacia este ambicioso objetivo es una descripción más clara y detallada de los efectos de los mediadores de contacto. Con 63 estudios y 81 muestras independientes que estudian estos efectos sobre el prejuicio, Pettigrow y Tropp (en prensa) realizaron una serie de meta-análisis para evaluar la importancia de los tres mediadores más populares estudiados: *nuevo conocimiento del exterior, reducción de la ansiedad* y *empatía con el grupo externo.*

Los primeros teóricos del contacto, pensaban que el conocimiento en el contacto reducía los prejuicios. Un trabajo reciente, sin embargo, revela que la mediación del conocimiento existe, pero es de menor importancia.

La empatía y la toma perspectiva, son mucho más importantes. Los contactos entre grupos y, sobre todo, la amistad **permite sintonizar y entender el punto de vista** del grupo externo. Esta investigación se basa en el trabajo de Batson, Lishner, Cook y Sawyer (2005). Esto también es relevante en los estudios de McFarland (1999), con muestras de estudiantes y adultos, determinó que la empatía es un mediador importante de los prejuicios junto con el autoritarismo y la orientación del dominio social.

Del mismo modo Vescio, Sechrist y Paolucci (2003) encontraron que **la toma de perspectiva**, en un entorno experimental, conducía a una visión racial más favorable. También es fundamental la reducción de la amenaza y la ansiedad intergrupal (Blascovich, Mendes, Hunter, Lickel, y Kowai-Bell, 2001; Islam y Hewstone, 1993; Paolini y otros, 2004; Pettigrew, 1998; Stephan y otros, 2002; Voci y Hewstone, 2003). La ansiedad proviene de sentimientos de amenaza e incertidumbre que las personas experimentan en el contexto del intergrupo. Estos sentimientos surgen de las preocupaciones sobre cómo debemos actuar, cómo somos percibidos y si seremos aceptados (Richeson y Shelton, 2007). Tengamos en cuenta que los mediadores afectivos (empatía y reducción de la ansiedad) son más importantes que los cognitivos (conocimiento), aunque ambos juegan un papel importante. Recordemos que Tropp y Pettigrew (2005) encontraron que el prejuicio se reduce más por los **componentes afectivos** que por los cognitivos. La investigación debe desarrollar más este sector.

9.2

MAYOR ATENCIÓN AL CONTACTO QUE GENERA EFECTOS NEGATIVOS: AUMENTO DE LOS PREJUICIOS, LA DESCONFIANZA Y EL CONFLICTO

En su estudio de 713 muestras independientes realizadas durante el siglo XX, Pettigrew y Tropp encontraron solo un 34% (<5%) donde las relaciones positivas entre los grupos de contacto mejoraron su prejuicio. Los resultados negativos todavía ocurren en situaciones peligrosas y se debe prestar más atención a esto. Cuando Williams (1947) y Allport (1954) formaron la teoría del contacto, asumieron que **el exceso de contacto no reducía los prejuicios**. Luego, buscaron especificar los rasgos positivos en aquellas situaciones que podrían maximizar el potencial de contacto para promover una relación intergrupal positiva. Pero los resultados meta-analíticos revelan que nuestra comprensión del contacto está limitada por este énfasis en el contacto positivo.

Existen factores negativos como la ansiedad, el autoritarismo y las restricciones regulatorias que merecen más atención porque pueden convertirse en puntos clave para la investigación futura del contacto intergrupal. Tal énfasis permitiría una comprensión más completa de las condiciones que aumentan e inhiben los potenciales efectos positivos del contacto. Estos son los primeros resultados de los análisis realizados, utilizando dos medidas de contacto positivas y negativas con extranjeros que residen en Alemania. Se compararon los dos tipos de contacto con los datos de una encuesta telefónica realizada en 2004, en base a una muestra de 1383 ciudadanos alemanes mayores de 16 años sin antecedentes de inmigración.

Este estudio, que forma parte de un importante proyecto decenal sobre los prejuicios, realizado por Heitmeyer (2004) de la Universidad de Bielefeld, ofrece una amplia gama de indicadores de gran relevancia, tanto para el contacto entre grupos, como para los prejuicios. Estos residentes extranjeros comenzaron a llegar a Alemania desde la década de 1950; muchos son de segunda y tercera generación, pero muy pocos han podido convertirse en ciudadanos alemanes.

Aunque provienen de muchos países, el

prototipo consiste en inmigrantes turco-musulmanes. De hecho, *la medida anti-musulmana está altamente correlacionada con una medida de prejuicio anti-extranjero* (r = +0.65). Obviamente, hay grandes diferencias entre las dos culturas.

Estos son los elementos utilizados para las diversas medidas analizadas (Sidanius y Pratto, 1999) y (Altemeyer, 1996):

Contacto Intergrupal Positivo (alfa = 0.78)

1. ¿Con qué frecuencia un extranjero lo ha ayudado? ¿A menudo, a veces, rara vez o nunca?

2. ¿Con qué frecuencia tiene una conversación interesante con un extranjero? ¿A menudo, a veces, rara vez o nunca?

3. y **4.** Ahora piense en sus encuentros con extranjeros en Alemania. ¿Con qué frecuencia ha experimentado los siguientes sentimientos?: *(3)* satisfecho y *(4)* alegre. ¿A menudo, a veces, rara vez o nunca?

Contacto Intergrupal Negativo (alfa = 0.78)

1. ¿Con qué frecuencia un extranjero le ha

molestado? ¿Nunca, a veces, a menudo o muy a menudo?

2-4. Piense ahora en los encuentros con extranjeros en Alemania. ¿Con qué frecuencia ha experimentado los siguientes sentimientos *(2)* ira *(3)*, irritación y *(4)* miedo - ¿nunca, a veces, a menudo o muy a menudo?

Tres condiciones de contacto:

1. ¿Cómo calificaría los contactos que tiene con los extranjeros que viven aquí en Alemania - superficiales, en términos de igualdad y voluntarios? No se aplica para nada, tiende a no aplicarse, tiende a aplicarse, se aplica por completo.

Amenaza individual (r = 0,68):

1. Los extranjeros que viven aquí representan una amenaza para mi libertad personal y mis derechos. - No se aplica para nada, tiende a no aplicarse, tiende a aplicarse, se aplica por completo.

2. Los extranjeros que viven aquí representan una amenaza para mi situación financiera personal. - No se aplica para nada, tiende a no aplicarse, tiende a aplicarse, se aplica por completo.

Amenaza grupal (r = 0.67):

1. Los extranjeros que viven aquí representan una amenaza para nuestra libertad y nuestros derechos personales. - No se aplica para nada, tiende a no aplicarse, tiende a aplicarse, se aplica por completo.

2. Los extranjeros que viven aquí representan una amenaza para nuestro bienestar económico. - No se aplica para nada, tiende a no aplicarse, tiende a aplicarse, se aplica por completo.

Conservadurismo político:

1. Pensando en su visión política, ¿se calificaría como de izquierda, más bien de izquierda, en el centro, más bien de derecha, de derecha?

Escala de dominio social (alfa = 0.61):

1. Los grupos en la parte inferior de nuestra sociedad deben permanecer allí: estoy completamente en desacuerdo, tiendo a estar en desacuerdo, tiendo a estar de acuerdo, completamente de acuerdo.

2. Algunos grupos de personas son más útiles que otros: estoy completamente en desacuerdo, tiendo a estar en desacuerdo, tiendo a estar de acuerdo, completamente de acuerdo.

3. Algunos grupos valen menos que otros: estoy completamente en desacuerdo, tiendo a estar en desacuerdo, tiendo a estar de acuerdo, completamente de acuerdo.

Escala de autoritarismo (alfa = 0.75):

1. El crimen debe ser castigado muy duramente - Estoy completamente en desacuerdo, tiendo a estar en desacuerdo, tiendo a estar de acuerdo, completamente de acuerdo.

2. Para garantizar la ley y el orden, hay que actuar más enérgicamente contra los extranjeros y los alborotadores: estoy completamente en desacuerdo, tiendo a estar en desacuerdo, tiendo a estar de acuerdo, estoy completamente de acuerdo.

3. Dos de las características más importantes deben ser la obediencia y el respeto por los superiores: estoy completamente en desacuerdo, tiendo a estar en desacuerdo, tiendo a estar de acuerdo, completamente de acuerdo.

Prejuicio anti-musulmán (alfa = 0.75):

1. La cultura musulmana encaja bien con nuestro mundo occidental - Totalmente de acuerdo, tiendo a estar de acuerdo, tiendo a estar en desacuerdo, completamente en desacuerdo.

2. Con una gran cantidad de musulmanes que viven en Alemania, a veces me siento un extraño en mi país. Estoy completamente en desacuerdo, tiendo a estar en desacuerdo, tiendo a estar de acuerdo, completamente de acuerdo.

3. La migración musulmana debe estar prohibida: estoy completamente en desacuerdo, tiendo a estar en desacuerdo, tiendo a estar de acuerdo, estoy completamente de acuerdo.

4. Soy más cauteloso con los musulmanes: estoy completamente en desacuerdo, tiendo a estar en desacuerdo, tiendo a estar de acuerdo, completamente de acuerdo.

5. Las numerosas mezquitas en Alemania demuestran que el islam quiere expandir su poder: estoy completamente en desacuerdo, tiendo a estar en desacuerdo, tiendo a estar de acuerdo, completamente de acuerdo.

Como lo indican estos ítems, tenemos cuatro

preguntas que utilizaron el contacto positivo (alfa = 0.78). Cuatro preguntas explotaron el negativo (alfa = 0.78). Además, en la encuesta se solicitó a los encuestados que evaluaran tres condiciones de su contacto: si era superficial, en igualdad de condiciones o voluntario.

La encuesta también evaluó la posibilidad de que los encuestados se sintieran amenazados por residentes extranjeros tanto a nivel personal como grupal. Hemos visto los dos elementos utilizados para calcular la amenaza personal (r = 0,68) y los dos elementos paralelos utilizados para calcular la amenaza de grupo (r = 0,67). También se mostró el único ítem sobre el conservadurismo político. Los tres elementos explotaron la orientación de la dominación social (alfa = 0,61) y el autoritarismo (alfa = 0,75). Finalmente, los últimos cinco puntos calcularon el prejuicio de los encuestados (alfa = 0.78).

Los resultados con las dos medidas de contacto sugieren que **el contacto positivo y negativo tienen diferentes dinámicas.** Pero claramente no son fenómenos polares-opuestos (*polar-opposite*). Primero, las medidas de contacto positivo y negativo sólo se correlacionaron con - 0.18 (p <0.01).

Predictors of positive and negative contact

Predictor variables	Positive contact			Negative Contact		
	St. Beta	t	p	St. Beta	t	p
Authoritarianism	−0.068	−2.19	0.03	−0.034	−1.14	0.25
Social dominance	−0.012	−0.42	0.68	0.027	0.92	0.36
Political conservatism	−0.054	−1.94	0.052	0.044	1.63	0.10
Age	−0.029	−1.09	0.28	−0.221	−8.41	0.001
Individual threat	−0.151	−4.65	0.001	0.312	9.84	0.001
Collective threat	−0.119	−3.41	0.001	0.181	5.35	0.001
Non-superficial contact	0.194	7.07	0.001	0.012	0.46	0.64
Equal Status contact	0.207	7.60	0.001	−0.012	−0.46	0.65
Voluntary contact	0.085	2.97	0.003	−0.138	−4.99	0.001
R^2		0.52			0.56	
N		1085			1093	

Bold indicates statistically significant results that are described in text.

Tabella 1 Prediction of positive and negative contact (Pettigrow, 2008)

La relación fue dada por los encuestados que han tenido un considerable contacto intergrupal muy positivo y un poco negativo.

En segundo lugar, según las mediciones de las escalas, el contacto positivo (r = -0.41) es más predictivo del prejuicio anti-musulmán que el negativo (r = +0.30). Utilizando la fórmula de Blalock (1972) para comparar las correlaciones dentro de la misma muestra, esta diferencia es altamente significativa (t = 22.2, p <0.001).

En tercer lugar, los diferentes tipos de personas tienden a involucrarse en los dos tipos de contacto. Los encuestados menos autoritarios, que no se sienten amenazados por los inmigrantes ni son políticamente conservadores, son más propensos a reportar un contacto positivo. Por el contrario, aquellos que denuncian un contacto negativo son más jóvenes y se sienten más amenazados por los inmigrantes, tanto individual como colectivamente. Es interesante observar que la posición de dominio social no contribuye a la predicción, ni el género o la educación.

En cuarto lugar, los contextos sociales de los dos fenómenos difieren significativamente. El contacto positivo ocurre en el trabajo (r = +0.28, p <0.001) y especialmente en el barrio (r = +0.36, p

<0.001). El negativo, no está relacionado con el contacto en el vecindario (r = -0.02, ns.) y solo el levemente con el contacto en el trabajo (r = +0.13, p <0.01) donde puede existir competencia laboral. El cuadro también muestra que ambos tipos de contactos están condicionados por los contextos situacionales reportados por los encuestados, como sostuvo Allport (1954) en su hipótesis original. El contacto positivo se relaciona de manera significativa y relativa con las tres condiciones - *no superficial, igualdad de status, voluntario*. De hecho, estas tres condiciones median significativamente la relación negativa entre el contacto positivo y la actitud anti-musulmana. Es decir, cada una de estas condiciones ayuda a explicar el vínculo entre el contacto positivo con la reducción de las actitudes anti-musulmanas: *no superficial* (test de Sobel = -0.03, p <0.003), *igualdad de status* (test de Sobel = -4.06, p <0.0001) y *contacto voluntario* (test de Sobel = -4.47, p <0.0001) (el test de Sobel proporciona la relación crítica).

Sin embargo, las tres condiciones también median el vínculo entre el contacto negativo y el aumento del prejuicio: *no superficial* (test de Sobel = 3.10, p <0.002), *igual estado* (test de Sobel = 3.83, p <0.0002) y *contacto voluntario* (test de Sobel = 4.2, p <0.0001). Sólo el informe de los moderadores descubiertos implica un estatus igualitario.

La asociación entre los moderadores de contacto negativo y el prejuicio es significativa (interacción t = 3.68, p <0.001). (interacción t= 3.68, p<0.001). Por lo tanto, para las situaciones consideradas por los encuestados en términos de desigualdad, la correlación de contacto negativo con las opiniones anti-musulmanas es sólo de +0.13; pero cuando se juzga que tienen el mismo estatus, la correlación aumenta a +0.36. Esta interacción coincide con el Cuadro 1 y es una demostración de la **importancia de la amenaza** en los vínculos entre el prejuicio y el contacto tanto positivo como negativo; un punto enfatizado por Stephan y Stephan (1985). Tanto para amenazas colectivas como personales, el contacto positivo se asocia con una amenaza reducida y el contacto negativo con una amenaza alta.

Estos hallazgos son consistentes con nuestra discusión previa sobre la importancia de la **ansiedad de interacción**. Por último, las distribuciones de las respuestas a las dos escalas difieren notablemente. Esta muestra de probabilidad de los encuestados alemanes reportó una relación mucho más positiva que negativa (t = 36.2, p <0.0001). Así, el 85% de la muestra declaró que tenían conversaciones interesantes con ciudadanos extranjeros y el 63% informó que a veces recibía ayuda de extranjeros. El 65% de los encuestados informó que nunca habían sido molestados por extranjeros. Parte de esta diferencia puede estar relacionada con la **"conveniencia social"**, pero la coherencia de los resultados con las medidas de contacto positivas y negativas sugiere que este posible efecto es poco frecuente. Estas marcadas diferencias entre los dos grupos de interacciones son de importancia tanto teórica como política. Recuerden que estas diferencias surgen de una muestra probabilística de población alemana no inmigrante. Dado que los contactos negativos suelen ser anunciados, mientras que los positivos o no son reconocidos o no suelen ser noticia, estos resultados pueden parecer sorprendentes. Pero la preponderancia del contacto intergrupal positivo ayuda a explicar por qué el contacto que conduce a un aumento del prejuicio es tan poco frecuente en la literatura de investigación.

9.3

POSICIONAR EL CONTACTO EN SU CONTEXTO SOCIAL, LONGITUDINAL Y MULTINIVEL

Hemos notado que la literatura de investigación sobre el contacto, adolece de la falta de estudios, tanto longitudinales como multinivel. El meta-análisis de Pettigrow y Tropp (2006) después de analizar los datos de investigación del siglo XX, reveló solo dos estudios longitudinales y ninguno en multinivel. Un brillante estudio de campo realizado por Sherif (1966), "La cueva de los ladrones", ofreció un primer estudio de campo cuasi-experimental con resultados positivos para la teoría de contacto. El punto crítico del famoso estudio de investigación de Sherif, fue que obtuvo medidas de actitud repetidas mientras se desarrollaban las experiencias de contacto entre dos grupos de jóvenes (Pettigrew 1991). Más recientemente, varios estudios longitudinales publicados, respaldan esta teoría (Eller y Abrams 2003/2004).

Particularmente impresionante es la investigación realizada con cinco puntos de recopilación de datos, durante un período de 4 años, con más de 2000 estudiantes universitarios en la Universidad de California, en Los Ángeles (Levin y otros., 2003). El estudio también se jactó de un diseño cuasi-experimental, asignando aleatoriamente compañeros de piso de diferentes etnias. Este extenso trabajo proporciona un modelo para futuras investigaciones que examina los efectos acumulativos con datos extraordinarios dentro de una determinada ubicación institucional.

Estos investigadores han encontrado importantes efectos recíprocos a lo largo de los años: las **amistades interétnicas** redujeron los prejuicios, mientras que los prejuicios y la ansiedad de la relación entre grupos, condujeron a un nivel más bajo de amigos en el intergrupo. Estos son los efectos no recurrentes entre contacto intergrupal y el prejuicio que se han encontrado uniformemente en toda la literatura de búsqueda de contactos. Pero los investigadores de U.C.L.A. descubrieron que el camino desde el prejuicio a la reducción del contacto y la amistad podría ser más fuerte que en investigaciones anteriores. Dos series de resultados de la U.C.L.A. son particularmente importantes. En primer lugar, los compañeros de habitación asignados aleatoriamente de diferentes etnias, disminuyeron sus prejuicios sobre el grupo exterior, incluso para los grupos externos que no participan en las relaciones de dormitorio. Este extenso **efecto de generalización,** sólo se había descubierto previamente en datos de investigación no controlados (Pettigrew, 1997). En segundo lugar, desde una perspectiva multinivel, las organizaciones intragrupales en el campus de la U.C.L.A., por lo general, tenían efectos individuales negativos. La pertenencia a determinados grupos como **las fraternidades,** fortaleció el contacto con el grupo interno y un sentido de victimización étnica al tiempo que disminuía el contacto con el grupo externo. Después de verificar las actitudes que tenían los estudiantes antes de la universidad, los investigadores de la U.C.L.A. descubrieron que las fraternidades y la participación en las asociaciones femeninas, aumentaban significativamente la oposición a una mayor diversidad en los campus de citas y matrimonios interétnicos. Esta pertenencia organizada, también se asoció con puntos más altos en una medida simbólica del racismo.

Otra forma de ver el desarrollo evolutivo del contacto intergrupal en su contexto social es pensar en términos de un conjunto de **procesos**

acumulativos estocásticos que incluyen una serie de fases de selección. Aunque mejor estudiado con datos longitudinales, el punto se puede ilustrar con los datos de la encuesta de investigación utilizada anteriormente (Heitmeyer, 2004).

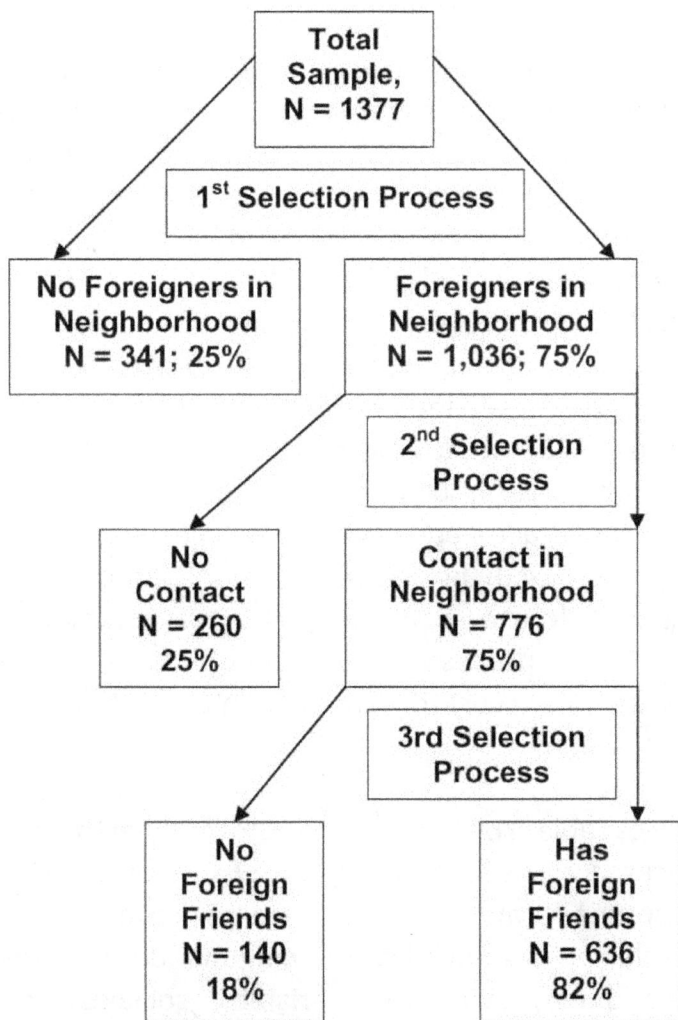

Total
Sample,
N = 1377

1st Selection Process

No Foreigners in
Neighborhood
N = 341; 25%

Foreigners in
Neighborhood
N = 1,036; 75%

2nd Selection
Process

No
Contact
N = 260
25%

Contact in
Neighborhood
N = 776
75%

3rd Selection
Process

No
Foreign
Friends
N = 140
18%

Has
Foreign
Friends
N = 636
82%

Fig. 3 Los tres procesos de selección (Pettirgew, 2008)

La Figura 3 ilustra un modelo que emplea **3 procesos separados relacionados al contacto con el vecindario.** El primer proceso de selección incluye a los alemanes que viven en barrios con residentes extranjeros, obviamente un requisito indispensable para el contacto. La Figura 3 muestra que su selección elimina el 25% de la muestra total. Pero la simple presencia de extranjeros no garantiza el contacto del intergrupo; el segundo proceso de selección. Y, de hecho, el 25% de los alemanes entrevistados que viven en áreas mixtas afirman no haber tenido ningún contacto con extranjeros. Por último, el simple contacto no asegura que se desarrolle **la amistad dentro del intergrupo.** Curiosamente, este último proceso de selección elimina solo el 18% de los encuestados que tienen contactos en el vecindario.

La tabla 2 prueba los predictores de estos tres procesos de selección. **La educación,** sorprendentemente, no emerge como una correlación significativa en ninguna de las tres selecciones, pero dos variables sociales son importantes. **La edad** demuestra ser significativa en dos puntos; los encuestados más jóvenes tienen más probabilidades de vivir en un vecindario mixto y hacer amigos después del contacto con extranjeros del vecindario.

El género se vuelve más importante en las últimas dos fases de la selección; Los hombres tienen más contacto con vecinos extranjeros y tienen más amigos. Esto refleja el hecho de que los hombres extranjeros tienen más probabilidades de aprender el idioma y la cultura alemana que las mujeres; esto se debe a que es más probable que formen parte de la población activa laboralmente.

Dos variables psicológicas también están implicadas en estos procesos. **El autoritarismo** está altamente correlacionado negativamente con los tres procesos.

Es menos probable que los autoritarios vivan en un área con extranjeros y es menos probable que se contacten con ellos, incluso cuando viven en esas áreas, y es menos probable que hagan amistades incluso con aquellos que son amigos de los extranjeros. En otros análisis, se ha demostrado que el autoritarismo positivo es un fuerte mediador negativo del contacto intergrupal. Los datos disponibles indican que esta mediación está compuesta por autoritarios que generalmente prestan atención a evitar residentes extranjeros en múltiples niveles.

Predictors of the three selection processes

Predictor variables	Are there foreign neighbors? 1st selection process			Contact with foreign neighbors? 2nd selection process			Any foreign friends? 3rd selection process		
	St. Beta	t	p	St. Beta	t	p	St. Beta	t	p
Respondent's age	−0.111	−4.10	0.001	0.026	0.83	0.406	−0.111	−3.22	0.001
Respondent's gender	0.007	0.27	0.784	−0.087	−2.81	0.005	−0.072	−2.08	0.038
Authoritarianism	−0.111	−3.63	0.001	−0.088	−2.49	0.013	−0.096	−2.46	0.014
Anti-Muslim prejudice	−0.038	−1.24	0.214	−0.084	−2.39	0.017	−0.208	−5.26	0.001
N	1377			1036			636		

Tabella 2 I predittori dei tre processi di selezione (Pettigrew, 2008)

La Tabla 2 también muestra la secuencia inversa en el vínculo causal **contacto-prejuicio** que se encontró con tanta frecuencia en estudios previos. Los encuestados que tienen grandes prejuicios contra los musulmanes (artículos anteriores de Sidanius & Pratto y Altemeyer) tienen menos probabilidades de tener contacto y hacer amistad con vecinos extranjeros cuando tienen un contacto (segunda y tercera fase de selección). Estos resultados plantean una pregunta adicional con respecto a la generalidad de los efectos de la reducción de los prejuicios intergrupales y el contacto positivo.

La Tabla 2 muestra que las personas mayores, las mujeres y los autoritarios, han reducido el contacto intergrupal y la amistad. ¿Pero estos factores disminuyen los efectos del prejuicio incluso cuando se logran amistades y otros contactos positivos? En otras palabras, ¿estos factores limitantes de contacto, también actúan como moderadores de la relación contacto-prejuicio? Por ejemplo, ¿los autoritarios que tienen contactos positivos, reflejan una reducción menor en las actitudes anti-musulmanas?

Las respuestas a estos datos es no. A pesar de la edad (interacción t = 0.51, n.s.), el género (interacción t = 0.39, n.s.) y el autoritarismo (interacción t = -1.41, n.s.) limitan el contacto, no afectan el poder del contacto positivo para reducir los prejuicios a menos que se logre el objetivo.

Por ejemplo, la correlación entre el contacto positivo y el prejuicio anti-musulmán es -0.36 entre los que tienen un bajo autoritarismo, y es de -0.39 entre aquellos con alto autoritarismo. La misma falta de moderación en cuanto a la edad (interacción t = 0,40), el género (interacción t = 0,27) y la educación, (interacción t = 1,69, p <0,10) también existe para el contacto negativo. Tal ubicación del contacto intergrupal en su contexto social en evolución, tiene implicaciones políticas directas.

La política social puede facilitar ese contacto incluso para aquellos que de otra manera intentan evitarlo. Y los resultados en la Tabla 2 sugieren que este contacto, aunque involuntario, tendrá efectos beneficiosos en el intergrupo.

9.4

APLICAR EL CONTACTO A LA POLÍTICA SOCIAL MULTINIVEL

Una última dirección esperada para el futuro, se refiere a la aplicación directa de la política social de lo que se ha aprendido sobre el contacto intergrupal. En Gran Bretaña, Miles Houston, ha utilizado la teoría de contacto de manera efectiva para influir en los esfuerzos del gobierno para **reducir el conflicto intergrupal** en Irlanda del Norte. En los Estados Unidos, los psicólogos sociales han hecho un amplio uso de la teoría, en los testimonios ante los tribunales, en primer lugar, y en los discursos públicos relativos a la ruptura escolar y la Acción Afirmativa (Pettigrew, 1967, 1969). Durante estas actividades, la teoría del contacto ha llevado directamente a una distinción fundamental que actualmente ha entrado en el discurso público en los Estados Unidos.

Esta distinción delimita la desintegración simple, precisamente la mezcla física de grupos, de las situaciones de integración real que se aproximan a la reunión de las cuatro condiciones clave de contacto óptimo de Allport.

Gurin, Dey, Hurtado e Gurin(2002) y Gurin, Lehman y Lewis (2004) han contribuido sustancialmente en dos casos de acción ante el Tribunal Supremo de los Estados Unidos. Estos investigadores enfatizaron **los efectos beneficiosos del contacto intergrupal** en el sector educativo, tanto para la mayoría como para la minoría de estudiantes. Su trabajo fue ampliamente difundido por los medios de comunicación y fue citado en las opiniones de la Corte Suprema.

Pero tales aplicaciones directas de la teoría, no son universalmente aceptadas en las ciencias sociales. Por ejemplo, los críticos de la ciencia política, como McGarry y O'Leary (1995), declararon que es más probable que el contacto sea una **causa de conflictos** que de reducción de prejuicios. También argumentan que la reducción de prejuicios no conduce necesariamente a cambios en el nivel estructural.

Estos críticos parecen ignorar las verdaderas afirmaciones de la teoría y la literatura científica masiva que respalda la investigación. "A veces", escriben McGarry y O'Leary (1995), "las buenas vallas hacen buenos vecinos." Consideremos los repetidos fracasos de "buenas vallas" desde la Gran Muralla de China hasta el Valle de Adriano en la frontera escocesa, o los ejemplos modernos del Muro de Berlín y el Muro de Cisjordania en Israel. Estas experiencias sobresalientes raramente han conseguido el resultado de tener "buenos vecinos" con "buenas vallas". Pero tenemos que profundizar en la comprensión del escepticismo de estos dos científicos. McGarry y O'Leary se centran en los trágicos acontecimientos entre católicos y protestantes en su nativa Irlanda del Norte. Señalan que el contacto, bajo las condiciones regulatorias hostiles que han caracterizado a la provincia de Ulster, puede actualmente confirmar y aumentar los prejuicios en lugar de calmarlos. Por supuesto, la teoría de contactos permite tales efectos negativos en gran medida.

Más fundamentalmente, McGarry y O'Leary realizan dos críticas importantes: la primera, es que el contacto no suele reducir los prejuicios, al menos no en Irlanda del Norte; la segunda, incluso si lo hiciera, **la reducción sería irrelevante** para una política estructural más amplia y la reducción de las guerras y los conflictos.

La primera afirmación es fácilmente refutada por el meta-análisis descrito anteriormente, que involucra a estudios de Irlanda del Norte. También hemos notado que el contacto negativo puede aumentar el prejuicio. Pero estos casos son mucho menos comunes que aquellos que involucran **contacto positivo y amistad.** Además, estudios recientes de psicólogos sociales irlandeses han descubierto que el contacto entre católicos y protestantes, generalmente disminuye los prejuicios al mismo nivel que el contacto en otras partes del mundo. Yendo hacia adelante, notamos antes, que incluso los entrevistados norirlandeses que tenían amigos de la misma religión y también tenían amigos de la otra, revelaron menos intolerancia (Paolini, 2004). La amistad creó confianza y perdón, incluso entre católicos y protestantes que habían sufrido directamente por la violencia.

Más importante es la segunda declaración de McGarry y O'Leary, que afirma que **el contacto es irrelevante para la política.** Obsérvese que esta declaración es una afirmación de que el microfenómeno (por ejemplo, el prejuicio del intergrupo) tiene poco que ver con el macrofenómeno (violencia y conflicto). Este es un debate recurrente dentro de la sociología, así como para las disciplinas de micro-nivel y de nivel medio, como la psicología social y, en su mayoría, las disciplinas de macro-nivel como la ciencia política.

Estas declaraciones son cuestionables en los diversos niveles de análisis.

La tarea de las ciencias sociales es reunir los niveles con un modelo de niveles múltiples más amplio y útil. Algunos científicos sociales han logrado esta hazaña y han demostrado que no sólo es posible, sino también absolutamente necesario, que los resultados de las ciencias sociales se apliquen con éxito a los problemas actuales de la sociedad. Por ejemplo, Kelman (en prensa) ha mostrado cómo la utilización de talleres de resolución de problemas, con múltiples y diversos participantes, puede influir en las políticas nacionales y las políticas culturales, incluso en los conflictos actuales en Medio Oriente.

Los especialistas en contactos intergrupales, nunca argumentaron que el contacto fuera una panacea para los conflictos a nivel macro. De hecho, rechazaron explícitamente tales declaraciones (Hewstone, 2003). Pero argumentar que el prejuicio tiene poco o nada que ver con el conflicto intergrupal, es una posición al menos extrema. Más bien, los extensos resultados hasta ahora, revelan que el contacto es una condición necesaria pero no suficiente por sí sola, para resolver el conflicto entre grupos.

Sin embargo, una crítica más válida, sería que los psicólogos sociales aún no han prestado suficiente atención a la transformación de la teoría de los contactos como un remedio más fácilmente aplicable en determinados **entornos institucionales** específicos. En particular, las aplicaciones prácticas requieren un contexto estructural y de múltiples niveles, para las políticas de contacto. ¿Cómo estructurar situaciones de contacto óptimas en entornos institucionales concretos? Las tres direcciones discutidas anteriormente, ayudarían a responder a esta pregunta crítica, especificando los procesos de contacto, dando un mayor enfoque en el intergrupo que conduce a efectos negativos y estableciendo contacto en su contexto longitudinal, multinivel y social. Claramente, queda mucho por hacer para que la teoría de contacto y su investigación sea más aplicable a la política social.

*La experiencia nunca falla;
sólo fallan nuestros juicios
al esperar cosas de ella que
no están en su poder.*

Leonardo Da Vinci

*Los juicios de valor de los hombres
están guiados únicamente por sus deseos
de felicidad, por lo que son un intento
de argumentar sus ilusiones.*

Sigmund Freud

10

EL CONTACTO Y LOS EFECTOS SOBRE EL FUNCIONAMIENTO COGNITIVO Y LAS EVALUACIONES DE LOS GRUPOS EXTERNOS

Como hemos visto anteriormente en la Hipótesis del Contacto (Allport, 1954), la reunión entre miembros de diferentes grupos, si se realiza en condiciones favorables, puede reducir el prejuicio. En los últimos 20 años, algunos modelos teóricos que derivan su origen de la teoría de la identidad social (Tajfel, 1981) han propuesto ampliar la hipótesis del contacto, en particular, para identificar las condiciones que conducen a la **generalización de los efectos positivos** de contacto entre los miembros del grupo externo conocido (grupo externo proximal) con los miembros del grupo externo que no se conocen (grupo externo distal). De acuerdo con la teoría del contacto intergrupal (Brown y Hewstone, 2005), la generalización es posible si en el contacto, se preserva **la relevancia de las identidades**

originales. De acuerdo con el modelo de la identidad dentro de un grupo común (Gaertner y Dovidio, 2000), la relevancia en el contacto de una identidad de nivel superior, que incluya tanto a los miembros del grupo como a los de fuera del grupo, puede facilitar la reducción de los prejuicios.

El contacto entre miembros de diferentes grupos también puede producir consecuencias negativas, como ansiedad e incertidumbre (Stephan y Stephan, 1985). Richeson y Shelton (2003; ver también Richeson Trawalter y Shelton, 2005) han demostrado que el **contacto intergrupal** puede afectar negativamente el rendimiento cognitivo. En una serie de estudios, Richeson y sus colaboradores han demostrado que el rendimiento en una tarea cognitiva (Test de Stroop) era peor para aquellos que tuvieron contacto con un miembro del externo al grupo que aquellos que se encontraban con un miembro del grupo. Además, este efecto solo estuvo presente en participantes con altos niveles de prejuicio explícito o implícito.

En una investigación, 60 estudiantes italianos fueron examinados (12 hombres, 48 mujeres) de la Facultad de Psicología (Universidad de Padua). La edad promedio fue de 23.47 años (desviación estándar = 3.00). El patrón experimental fue unidireccional en tres niveles: dos-grupos, un-grupo, control, con asignación aleatoria de los participantes a las tres condiciones experimentales. Los participantes fueron examinados individualmente en el laboratorio. La investigación se presentó como un estudio sobre la influencia de una tarea cognitiva en una segunda tarea cognitiva espaciada de un corto período de tiempo. El experimento fue dividido en tres partes.

En la primera, los participantes completaron el *Test de Asociación Implicita* (IAT, Greenwald, McGhee y Schwartz, 1998) y *la escala de prejuicios emocionales* (Pettigrew y Meertens, 1995), para determinar su actitud implícita y explícita hacia los albaneses.

En la segunda parte, los participantes fueron llevados a un segundo laboratorio donde debían ayudar a un segundo experimentador a crear estímulos experimentales para un estudio ficticio. La tarea consistía en hacer una breve presentación de sí mismos (un minuto) y dar su opinión sobre dos temas (el orden de presentación fue aleatorio): (a) la reforma del sistema universitario italiano; (b) La llegada de inmigrantes ilegales a las costas italianas (dos minutos para cada tema. En las dos condiciones de contacto (dos-grupos, un-grupo), el segundo experimentador era albanés; en las condiciones de control, el segundo experimentador fue italiano. Las interacciones fueron grabadas en vídeo. En la condición de dos-grupos, el investigador se disculpó por sus errores gramaticales, debido a su origen albanés. Durante la interacción, también hizo hincapié en el acento extranjero y cometió muchos errores gramaticales. En la condición de un-grupo, de manera similar a la condición de dos-grupos, el experimentador albanés se disculpó por sus errores gramaticales debido a su origen. Sin embargo, cometió pocos errores. Además, antes de presentar la tarea al participante, dijo que también era un estudiante y que el estudio se refería a su tesis de grado, destacando así la identidad común de los estudiantes de psicología. En la condición de control, por último, el experimentador era italiano.

En la tercera parte del experimento, el participante fue conducido al primer laboratorio donde, en presencia del primer experimentador, completó un Test de Stroop y un cuestionario con medidas explícitas.

Las herramientas utilizadas fueron las siguientes:

- **IAT**

El IAT (Greenwald y otros, 1998) mide las actitudes implícitas hacia los grupos sociales mediante el establecimiento de la fuerza de asociación entre conceptos objetivos (por ejemplo, italianos versus albaneses) y los atributos de calificación (por ejemplo, palabras positivas frente a palabras negativas). En nuestro estudio, el IAT se aplicó utilizando el software *Inquisit* (versión 1.33, Draine, 2003). Se utilizaron cuatro categorías de estímulos, cada uno de los cuales constaba de 10 ítems: Nombres italianos, nombres albaneses, palabras positivas, palabras negativas. Las palabras positivas y negativas han sido adaptadas por Greenwald y otros. (1998). Los nombres italianos han sido tomados de estudios previos que indicaban la tipicidad para el grupo italiano (por ejemplo, Capozza, Andrighetto, & Falvo, 2007); Los nombres albaneses han sido seleccionados por un juez italiano y uno albanés en función de su tipicidad percibida. La tarea de los participantes era categorizar los elementos pertenecientes a las cuatro categorías de estímulos, que aparecían uno a la vez en el centro de la pantalla, lo más rápido posible, usando dos teclas de respuesta.

Había dos bloques experimentales. En el primero, los nombres italianos y las palabras positivas compartían una clave de respuesta, mientras que los nombres albaneses y las palabras negativas compartían otra clave de respuesta. En el segundo, las asociaciones se invirtieron: los nombres italianos y las palabras negativas compartían una clave, mientras que la otra se asociaba con los nombres albaneses y las palabras positivas. El orden para la presentación de los bloques de respuesta fue equilibrado entre los participantes.

- Test de Stroop

Las palabras "rojo", "amarillo", "azul", "verde" o una cadena de "X" se muestran individualmente en el centro de la pantalla en uno de cuatro colores: rojo, amarillo, verde, azul. En las pruebas compatibles, cada palabra aparecía en su color respectivo (por ejemplo, "verde" escrito en verde), o la secuencia "X" se presentó en uno de cuatro colores. En las pruebas incompatibles, cada palabra se escribió en un color diferente al de su significado semántico (por ejemplo., "Verde" escrito en rojo). Cada estímulo se presentó por un máximo de 800 ms, precedido por un punto de fijación (+). *El Intervalo entre Estímulos* fue de 1500 ms. La tarea de los participantes consistía en indicar lo más rápido posible el color en el que se presentaba un estímulo, pulsando uno de los cuatro botones en el teclado del ordenador. Había siete bloques experimentales, cada uno compuesto por 12 estímulos: cuatro incompatibles, ocho compatibles.

- **Cuestionario**

Control de manipulación experimental

Los participantes expresaron su grado de acuerdo con las siguientes dos declaraciones en una escala de siete grados (Completamente en desacuerdo – Completamente de acuerdo): "Durante la interacción con el segundo experimentador percibí que pertenecíamos a un grupo común"; "Percibí que pertenecíamos a dos grupos distintos".

Prejuicio explícito
(medido antes de la manipulación)

Se han utilizado los ítems de la escala de prejuicio emocional (Pettigrew y Meertens, 1995). Los participantes expresaron, en una escala de cinco grados (Nada en absoluto - Mucho) la solidaridad y la admiración por los italianos (alfa = .62) y por los albaneses que vivían en Italia (alfa = .73). El índice de prejuicios emocionales se calculó haciendo la diferencia entre estos índices: los puntajes altos expresan el mayor prejuicio explícito hacia los albaneses.

Estereotipos negativos

Los participantes indicaron la percepción de la tipicidad en comparación con el grupo albanés, de tres ítems que, de acuerdo a una prueba previa, resultaban ser típicos de los albaneses: agresivos, intimidatorios y violentos. La escala fue de siete grados: los puntajes de 1 a 3 indicaban bajos grados de tipicidad; 4 indicaba que el rasgo no era ni típico ni atípico para los albaneses; los puntajes de 5 a 7 mostraban grados elevados de tipicidad. Los tres elementos fueron combinados (alfa = .85).

Valor del grupo externo

Los participantes evaluaron a los albaneses en cinco escalas de diferencial semántico (por ejemplo, desagradable / agradable), representativas del Factor de Evaluación. La escala era de siete grados: 1 indicaba el polo negativo, 4 era el punto neutral, 7 indicaba el polo positivo. Los cinco elementos han sido fusionados (alfa = .77).

El objetivo de esta investigación fue ampliar los resultados obtenidos por Richeson y Shelton (2003), mostrando que algunas formas de contacto tienen efectos positivos sobre las relaciones intergrupales y al mismo tiempo limitan los efectos negativos del contacto sobre el rendimiento cognitivo. En particular, se compararon los modelos de contacto intergrupal (Brown y Hewstone, 2005) y la identidad del grupo común (Gaertner y Dovidio, 2000). La relación intergrupal considerada fue la existente entre italianos y albaneses.

La hipótesis era que el rendimiento cognitivo para los participantes con altos niveles de prejuicios explícitos y/o implícitos es peor cuando sus identidades son prominentes, pero no cuando surge una identidad común o cuando el contacto es con un miembro del propio grupo. Además, se supone que ambos modos de contacto (grupos separados, identidad común) tienen efectos positivos en las evaluaciones exogrupo; los efectos de generalización deberían ser más fuertes para aquellos con altos niveles de prejuicio inicial, pero solo cuando la pertenencia al grupo sea prominente.

Conclusiones

Los resultados de esta investigación han demostrado que la hipótesis del rendimiento cognitivo (Test Stroop) no está confirmada. Sin embargo, hay indicios de que el **rendimiento cognitivo** es menor para aquellos con altos niveles de prejuicios iniciales explícitos e implícitos en la condición de dos-grupos en comparación con otras condiciones experimentales. Este resultado, sin embargo, no sugiere que el contacto intergrupal haya producido una **reducción en la capacidad** de inhibir las respuestas inapropiadas (Richeson y Shelton, 2003). En este caso, deberíamos haber tenido un efecto sobre la **interferencia cognitiva**, dado por los tiempos de respuesta, o por el número de respuestas correctas a los ítems incongruentes, y no a los congruentes. Como era de esperar, el contacto intergrupal genera **efectos de generalización**. Tanto la percepción de la identidad común (Gaertner y Dovidio, 2000) como la relevancia de sus identidades respectivas (Brown y Hewdtone, 2005), de hecho, tuvieron efectos positivos (estereotipos negativos, valor del grupo externo). Además, este efecto fue mayor para aquellos con altos niveles de prejuicio, por lo que fueron los que más se beneficiaron del contacto. Esto era cierto, sin embargo, sólo si las membresías del grupo eran relevantes, es decir, cuando el vínculo entre los miembros del grupo externo presente y los no presentes era más evidente (Rothbart y John, 1985).

En conclusión, se confirma que **el contacto tiene efectos positivos en las relaciones intergrupales.** Sin embargo, las personas que más se benefician del contacto, es decir, aquellas con altos niveles de prejuicio, cuando las membresías grupales son relevantes, son también aquellas que tienden a tener un rendimiento cognitivo reducido como resultado de reunirse con miembros de un grupo distinto al suyo.

Su error es tratar de hacer
que sus juicios sean universales.

Carlos Castañeda

¿Quién de nosotros sabe qué hacer?
Y sabiendo esto, ¿estaría dispuesto a hacerlo?

George Bernard Shaw

11

SUGERENCIAS PARA ESTRATEGIAS EDUCATIVAS

- *Enseñar a prestar atención al individuo y a superar los estereotipos*

- *Mover el enfoque de atención del grupo al individuo*

- *Los niños 3 a 7 años, son muy etnocéntricos: trabajar en procesos afectivos tratando de superar la dicotomía bueno-malo y acercar a los niños conceptos y maneras de ser diferentes a ellos*

- *Después de los 7 años, los niños reducirían los prejuicios, pero aumentarían las influencias sociales: trabajar en los procesos cognitivos y el estilo de atributos - llamar la atención sobre las similitudes entre los grupos y las diferencias intra-grupales - enseñar que dos formas de pensar pueden ser diferentes, pero ambas son válidas*

- Aprendizaje cooperativo (Hipótesis de contacto) - cooperar en pequeños grupos - todos los miembros contribuyen por igual a alcanzar el resultado final - interacciones de alto nivel alumno-alumno - apoyo explícito del maestro

ATENCIÓN al *Efecto Halo* y *Efecto Pigmalión*. Son temas incómodos que he tratado en profundidad en mi tesis universitaria censurada. Desafortunadamente, estos dos factores de naturaleza similar pueden comprometer la confiabilidad del juicio de un maestro sobre el rendimiento de un estudiante.

Efecto Halo

Las evaluaciones globales de una persona pueden llevar a evaluaciones alteradas de sus atributos personales. El efecto halo se define como la influencia de la actitud de un individuo hacia una acción basada en las creencias sobre las consecuencias percibidas de la acción. (Bagozzi, 1999). El efecto halo es un término acuñado por Thorndike para designar una actitud psicológica sustancial que consiste en la tendencia automática, durante la evaluación de una persona, a asociar una cualidad positiva, como la belleza física, a otros aspectos positivos sin correlación real con esa cualidad, como simpatía, inteligencia, competencia o fiabilidad. Se puede considerar un ejemplo importante y generalizado de sesgo operado sobre una base de prueba y error.

La luz, arroja un halo alrededor de un área de luz difusa, una luz que ilumina todo a su alrededor de forma inadecuada. Cuando una característica de un individuo está llena de luz en nuestros ojos, por el efecto de halo, a través esta luz, vemos toda su personalidad iluminada. Es necesario que esta característica nos impacte particularmente porque solo así, deslumbrados por tanta luz, no nos damos cuenta de que todo lo demás está iluminado por una luz inadecuada.

Lo curioso es que este efecto no sólo se manifiesta de forma sincrónica, sino también de una manera diacrónica, es decir, el halo no solo afecta al resto de la personalidad, sino que también se expande y se remonta al pasado, a todo lo que el sujeto en cuestión ha logrado.

La belleza física, la capacidad de hacerse querer, de parecerse, de tener amistades importantes, de cubrir a los demás con elogios y cumplidos, son solo algunos de los medios que utilizan muchos profesionales de la persuasión, para convencernos de hacer cosas que de otra manera nunca hubiéramos hecho. En particular, es impresionante cuánto cuenta la apariencia física de una persona para el propósito de su afirmación humana y profesional. Parece ser una respuesta automática e inconsciente por la que reaccionamos mejor al enfoque de una persona que, por una u otra razón, encontramos agradable. El efecto halo ocurre cuando la característica de una persona domina la percepción que otras personas tienen de ella, incluso con respecto a otros aspectos. Está claro cuánto puede afectar, positivamente o negativamente, el juicio distorsionado de un superior hacia un empleado, basado únicamente en la fijación de un aspecto de la personalidad de este último, que podría oscurecer, a los ojos del observador, todas las características positivas del individuo observado.

Hemos estado acostumbrados desde pequeños a que es bueno obedecer a la autoridad y toda la sociedad ha sido ordenada según un principio de jerarquías y leyes. Este principio aprovecha la hipnosis autoritaria, los líderes carismáticos, los gurús que dicen tener poderes extraordinarios y aquellos que, al mostrar títulos de alto rango y uniforme, intentan intimidar a su interlocutor. Se explica por qué en las publicidades de pasta de dientes hay un "doctor" de uniforme que prescribe la compra de la nueva pasta de dientes.

Si cada comportamiento tiene un componente de contenido y uno de relación, ni siquiera es necesario que la autoridad sea real, basta con comportarse y aparentar tener autoridad sobre los demás. Algunas investigaciones han demostrado una especie de "Efecto halo". En un experimento realizado en una universidad, un visitante fue presentado a diferentes clases, asignándole diferentes calificaciones cada vez. A medida que subía los peldaños de la escala social, el intelecto que los estudiantes le atribuían también aumentaba (Cialdini, 1995).

Efecto Pigmalión

Un estudio realizado por la Universidad de Oldenburg, ha determinado que un nombre no tradicional desencadena prejuicios (Taino, 2009). Un grupo de investigadores dirigido por la profesora Astrid Kaiser envió un cuestionario anónimo a dos mil profesores de la Grundschule alemana (escuela primaria alemana) con preguntas muy directas sobre las reacciones personales y didácticas que causan en ellos los diferentes nombres. El resultado es un esnobismo vergonzoso. Los nombres tradicionales Jakob,

Lucas, Simon, Maximilian, Alexander, Hannah, Sophie, Charlotte, Marie están conectados por la gran mayoría de los encuestados a la figura de un buen estudiante, disciplinado y comprometido. Es como si los José, Manuel, Francisco, las María, Carmen, Se merecían una buena votación a ciegas. Los nombres menos frecuentes, y a menudo elegidos como un tributo a las celebridades internacionales, de hecho, incitan a más de la mitad de los profesores a una opinión negativa inmediata: Kevin parece que para ellos es el peor, pero también Angelina, Chantal, Mandy, Maurice, Justin corren el riesgo de ser rechazados antes de comenzar. El prejuicio es preocupante. Pero la investigación alemana toca un punto delicado: dado que es más probable que quienes le dan a los niños nombres inspirados en la televisión y el cine sean familias menos educadas y quizás menos ricas, está claro que la discriminación se vuelve social. Sobre todo, sin embargo, la actitud negativa perjudicial de los maestros pesa sobre el desempeño del estudiante. La profesora Kaiser sostiene que la expectativa es la madre de todos los resultados.

Se ha demostrado que, si un entrenador no cree en el potencial de un atleta, este no rinde tanto como podría hacerlo, así como en la escuela, si los maestros no creen en el potencial de sus alumnos, su rendimiento disminuirá. Particularmente en la escuela primaria, donde el estímulo es importante, especialmente en el caso de estudiantes de familias inmigrantes o muy pobres que necesitan confianza y en su lugar se encuentran con un prejuicio y un handicap inicial. En resumen, el riesgo de que los Kevin y las Angelina, traigan consigo para siempre, heridas causadas por el prejuicio, es muy probable. El problema no es sólo alemán. Estudios similares realizados en los Estados Unidos, han arrojado resultados comparables. El esnobismo en los nombres, es una realidad en todas las sociedades con alta inmigración y muy influenciadas por los modelos mediáticos, sin embargo, la escuela no debería ser una víctima de ello.

Los psicólogos han descubierto que las personas son tratadas por otros, de la forma en que esperan ser tratadas. En otras palabras, aquellos que esperan ser engañados a menudo son engañados, aquellos que viven con miedo a ser abandonados, a menudo son abandonados, aquellos que esperan ser traicionados encuentran socios infieles. Los psicólogos han llamado a esta correlación, el efecto "Pigmalión".

El efecto Pigmalión puede manifestarse en 'el entorno escolar, en el lugar de trabajo, en las relaciones entre padres e hijos y en todos los contextos donde se desarrollan las relaciones sociales. Por lo tanto, las expectativas pueden influir en la calidad de las relaciones interpersonales y en el rendimiento de los sujetos. Pigmalión, en el mito narrado por Ovidio, era un escultor, solo, sin compañero, con un gran deseo de amar, y su deseo explotó un día cuando terminó una estatua de mujer en la que había trabajado durante mucho tiempo. Hasta el punto de que suplicó intensamente a Venus que lo hiciera conocer a una chica hermosa como su estatua. Venus, movida por la compasión, realizó el milagro, y Pigmalión en la noche, cuando fua a su casa, vio a la estatua cobrar vida.

En una escuela primaria de California, el equipo dirigido por el investigador estadounidense Robert Rosenthal ideó un experimento en psicología social, sometiendo a un grupo de estudiantes a una prueba de inteligencia (Rosenthal y Jacobson, 1992). Luego seleccionó al azar y sin respetar el resultado y la clasificación de la prueba, un pequeño número de niños e informó a los maestros que eran alumnos muy inteligentes. Rosenthal, después de un año, regresó a la escuela y verificó que su elección, aunque seleccionada al azar, había confirmado totalmente sus predicciones al mejorar enormemente su rendimiento escolar para convertirse en los mejores de la clase.

Este efecto, en este caso beneficioso, se logró gracias a la influencia positiva de los profesores que pudieron estimular a los estudiantes reportados por Rosenthal, una pasión vivaz y un gran interés en los estudios. La actitud abierta y estimulante de los maestros había ayudado a desarrollar en los niños las habilidades y capacidades que hasta ahora habían permanecido en las sombras.

Una investigación posterior sobre este efecto Pigmalión en la escuela ha demostrado que esto se debe a las diferentes formas en que los profesores tratan a los alumnos de los que esperan los mejores resultados: tienen un comportamiento más afectuoso hacia ellos, dejan más tiempo para responder preguntas difíciles, les asignan tareas más desafiantes, notan y refuerzan más a menudo las actividades emprendidas por estos mismos niños (Rosenthal, 1994). En última instancia, los profesores crean para estos estudiantes, consciente o inconscientemente, un entorno que favorece un mejor aprendizaje, es decir, un entorno en el que sus expectativas sobre el rendimiento de los estudiantes terminan convirtiéndose en profecías autoproclamadas

(Cooper y Good, 1983).

Como se mencionó anteriormente, desafortunadamente el Efecto Halo y el Efecto Pigmalión, dos factores de naturaleza similar, pueden comprometer la confiabilidad del juicio de un maestro sobre el rendimiento del estudiante.

Quiero contarles una anécdota de los días de la escuela secundaria. En mis dos primeras pruebas de filosofía no me fue bien, aún recuerdo las notas; ambas 5+. Lección tras lección me fascinó la materia y comencé a estudiar seriamente, se había convertido en uno de mis temas favoritos. A pesar de mi pasión por la filosofía, mi nota en los 3 años nunca superó los 6-, excepto en las dos últimas consultas del último año: 6+ y 6,5. Todavía recuerdo muy bien lo indignantes que eran algunas pruebas. Ciertos compañeros de clase, a pesar de una preparación claramente insuficiente, lograron llegar tranquilamente a los 7, disfrutaron del halo de las pruebas anteriores. Regresemos a mi última prueba, el 6,5. Fui interrogado junto con un compañero de clase que siempre tuvo entre 7 y 8. A pesar de que mi respuesta era claramente mejor que la suya, ella sacó un 7. Lo "curioso" es que fui elogiado por mis avances en la materia, mientras que la profesora le dijo a mi compañera que no lo había hecho tan bien como de costumbre, fue casi un regaño.

A menudo, cuando un alumno sale mal y se justifica por ser perseguido por los maestros, él es solo un estudiante no diligente que no acepta sus responsabilidades. A veces, sin embargo, puede suceder lo contrario: especialmente en la guardería o la escuela primaria, las simpatías a priori de los profesores son más importantes que el comportamiento objetivo del niño al determinar el voto de conducta. Este es el mensaje de un estudio de la Universidad Metropolitana de Manchester, publicado y financiado por "Economic & Social Research Council". Investigadores británicos trabajaron con estudiantes de 4 a 5 años, prestando especial atención a su comportamiento y a los criterios de evaluación del cuerpo docente.

Resultó que las primeras 4 semanas de clases son cruciales: en ese momento, el profesor formará un juicio que es poco probable que cambie, incluso cuando se enfrentan con una clara evidencia (MacLure, Jones, Holmes e MacRae, 2008). Además, este juicio dogmático también se transmitirá a sus colegas.

Imagine trabajar para dos empleadores diferentes: empleador A y B. El empleador A ha tenido experiencias negativas con sus ex empleados, por lo tanto, quiere tener cuidado de no ser engañado de nuevo. Está convencido de que no puede esperar más que eso, él piensa que los jóvenes son todos ineptos, sin ganas de trabajar. De hecho, él no confía en usted lo suficiente para darle un trabajo interesante, solo le da tareas de baja calificación. Aterrado por el hecho de que pueda ser un vago, él lo vigila, sin darle el más mínimo espacio de autonomía personal. Además, él no cuenta con usted y no pierde la oportunidad de hacerle entender, reprochándole por todo.

Después de unos meses de este trato, ¿con qué estado de ánimo fue a la oficina por la mañana? Probablemente comenzará a sentirse degradado, perderá interés en su trabajo y, en consecuencia, se convertirá en un empleado perezoso y no muy brillante. Entonces, dentro de unos meses, las pobres predicciones del empleador A serían confirmadas. El empleador B es por naturaleza un optimista. Espera mucho de usted, pero no pide lo imposible, él sabe que cometerá errores, pero sabe que estos entran en su proceso de aprendizaje. Le deja un amplio margen de autonomía, pero al mismo tiempo está siempre a su disposición para darle sugerencias y aclaraciones. Puede notar su progreso y siente que su trabajo también es reconocido y valorado económicamente.

¿Con qué empleador trabajaría más y mejor? Probablemente, serías más productivo con el segundo, aunque no te controle continuamente. Además, al comparar a los dos empleadores, comprenderíamos cómo uno siempre encontrará empleados, que al final son unos grandes vagos, y el otro, por otro lado, encontrará buenos empleados.

Siempre debemos tener en cuenta
que los números son solo una
simplificación de la realidad

Kenneth Boulding

*La realidad es solo una
de las interpretaciones posibles.*

Ilya Prigogine

12

EXTRA

Todos los barcos son más seguros en el puerto, pero no es para eso que han sido construidos. No siempre saldré a alta mar, y aunque soy cauteloso y temo a las tormentas, no me acercaré demasiado a la costa insidiosa. Una sustancia como el agua es el resultado de la combinación de elementos como el hidrógeno y el oxígeno, y sin embargo, tiene propiedades muy diferentes a las de los dos elementos que la componen. El compuesto H_2O no representa la agregación simple de sus elementos constituyentes, pero está crucialmente determinado por su combinación. Sin la censura de mi tesis universitaria, **"La Teoría de la Realidad"**, esta obra, nunca se habría escrito.

Esperando su publicación, quiero rendirles un homenaje con un pequeño extra en este capítulo adicional. No teman, en el momento adecuado publicaré y contaré toda la historia en los más pequeños detalles y todo estará más claro, entenderán, comprenderán y, créanme, no volverán a ser los mismos.

Frente a la cantidad y complejidad de información a la que nos enfrentamos, tendemos a reducir el esfuerzo cognitivo y usar atajos que nos llevan a una percepción de la realidad áspera y distorsionada. La Teoría de la Realidad de Zeloni Magelli (2010) afirma:

"El hombre no puede conocer la realidad. La realidad es demasiado complicada para sobrevivir a ella sin poder simplificarla y ordenarla de alguna manera, y este proceso implica una pérdida de datos. Esta pérdida de datos da lugar a en una realidad distorsionada que es diferente de la original".

Cada uno de nosotros tiene sus propias creencias, e incluso ante la clara evidencia de que estamos equivocados, tendemos a engañarnos recordando mejor la información de acuerdo con nuestras creencias y olvidando la información que las desconocen. La realidad se convierte en nuestro engaño, una realidad hecha de consonancias cognitivas que anteriormente eran disonancias. La percepción errónea de la realidad obviamente compromete la fiabilidad del juicio de un maestro sobre el beneficio de un estudiante y esto tiene un impacto en el sistema económico-escolar-laboral, desencadenando una peligrosa reacción en cadena. A pesar de todo esto, no es una teoría "pesimista", ya que no es tan importante saber cómo son realmente las cosas y conocer la realidad. El objetivo de cada hombre es realizarse a sí mismo, tratando de alcanzar la felicidad realizando sus propios sueños.

«Algunas personas se enfadarían mucho si no fuéramos capaces de hacer un juicio correcto. Yo pertenecía a ese grupo de personas, pero cambié de opinión».

Dr. Edoardo Zeloni Magelli

Referencias bibliográficas

Adorno T.W., Frenkel-Brunswick E., Levinson D.J. y Sandford R.N. (1950). *The authoritarianpersonality.* New York: Harper; trad. it.: *La personalità autoritaria,* Milano, Comunità, 1997.

Akrami N., Ekehammar B. y Araya T. (2000). Classical and modern racial prejudice: a study of attitudes toward immigrants in Sweden. *European Journal of Social Psychology,* 30, 521-532.

Allport, G. W. (1954). *The nature of prejudice.* New York: Addison-Wesley.

Altemeyer, B. (1996). *The authoritarian specter.* Cambridge, MA: Harvard University Press.

Anthony, T., Copper, C. e Mullen, B. (1992). Cross-racial facial identification: A social cognitive integration. *Journal of Social Psycology Bulletin,* 18, 296-301.

Arcuri L., Boca S. (1996). Pregiudizio e affiliazione politica: destra e sinistra di fronte all'immigrazione dal Terzo Mondo. In: P. Legrenzi, V. Girotto (eds.), *Psicologia e politica.* Milano: Raffaello Cortina Editore, pp. 241-274.

Aronson, E., Blaney, N., Stephan, C., Sikes, J. y Snapp, M. (1978). *The Jig-saw classroom,* London, Sage.

Aronson, E. e Bridgeman, D. (1979). Jigsaw groups and the desegregated classroom: In pursuit of common goals. In *Personality and Social Psychology Bulletin,* 5, pp.438-446.

Bagozzi, R. (1999) Atteggiamenti intenzioni comportamento, Milano: FrancoAngeli

Batson, C. D., Lishner, Cook, J., & Sawyer, S. (2005). Similarity and nurturance: Two possible sources of empathy for strangers. *Basic and Applied Social Psychology,* 27(1), 15–25.

Benokraitis N.V., Feagin J.R. (1986). *Modern sexism:*

blatant, subtle, and covert discrimination. Englewood Cliffs: Prentice Hall.

Blalock, H. (1972). *Social statistics.* New York: McGraw-Hill.

Blascovich, J., Mendes,W. B., Hunter, S. B., &Lickel, B. (2000). Stigma, threat and social interactions. In T. F. Heatherton, R. E. Kleck, M. R. Hebl, & J. G. Hull (Eds.), The social psychology of stigma (pp. 307–333). New York, NY: Guilford Press.

Blascovich, J., Mendes, W. B., Hunter, S. B., Lickel, B., & Kowai-Bell, N. (2001). Perceiver threat in social interactions with stigmatized others. *Journal of Personality and Social Psychology,* 80, 253–267.

Bordens, K. S. & Horowitz I. A. (2002). *Social Psycology,* Mahwah, N.J: Lawrence Erlbaum Associates.

Brewer, M.B. e Miller, N. (1984). *Beyond the contact hypothesis: Theoretical perspectives on desegregation, in Groups in contact: The psychology of desegregation,* (Ed.) N. Miller e M.B. Brewer, New York, Academic Press, pp. 281-302.

Brewer M.B. (2005). Obiettivi sovraordinati versus identità sovraordinata come basi della cooperazione intergruppi. In D. Capozza, R. Brown (eds.), *Identità Sociale. Orientamenti teorici e di ricerca.* Bologna: Patròn, pp.193-214.

Brown R. (1995). *Prejudice. Its Social Psychology.* Oxford: Blackwell; trad.it: Psicologia sociale del pregiudizio, Bologna, Il Mulino

Brown, R., & Hewstone, M. (2005). An integrative theory of intergroup contact. *Advances in Experimental Social Psychology,* 37, 255-343.

Campbell D.T. (1965). Ethnocentric and other altruistic motives. In D. Levine (ed.), Nebraska symposium on motivation. Lincoln, NE: University of Nebraska Press, pp. 283-311.

Capozza, D., Andrighetto, L., & Falvo, R. (2007). *Does*

status influence perception of humanity? Manuscript submitted for publication.

Cialdini, R. (1995) Le armi della persuasione, Firenze: Giunti Editore

Coenders M., Scheepers P., Snidermann P.M., Verberk G. (2001). Blatant and subtle prejudice:dimensions, determinants and consequences; some comments on Pettigrew and Meertens. *European Journal of Social Psychology*, 31, 281-298.

Contessa, G. (1999). *Psicologia di gruppo*. Brescia: La Scuola

Cooper, H. & Good, T. (1983) Pygmalion grows up: Studies in the expectation communication process. New York: Longman

Davis, J.A. (1959). A formal interpretation of the theory of relative deprivation. In *Sociometry*, 22, pp. 289-296.

Dixon, J. A., Durrheim, K., & Tredoux, C. (2005). Beyond the optimal strategy: A ''reality check'' for the contact hypothesis. *American Psychologist*, 60, pp. 697–711.

Draine, S. (2003). *Inquisit* (Version 1.33) [Computer software]. Seattle, WA: Millisecond Software.

Eller, A. L., & Abrams, D. (2003). 'Gringos' in Mexico: Cross-sectional and longitudinal effects of language school- promoted contact on intergroup bias. *Group Processes and Intergroup Relations*, 6, pp. 55–75.

Eller, A. L.,&Abrams, D. (2004). Come together: Longitudinal comparisons of Pettigrew's reformulated intergroup contact model and the Common Ingroup Model in Anglo-French and Mexican-American contexts European. *Journal of Social Psychology*, 34, 229–256.

Esses V.M., Dovidio J.F., Jackson, L.M. e Armstrong T.L. (2001). The immigration dilemma: the role of perceived group competition, ethnic prejudice, and national identity. *Journal of Social Issues*, 57(3), 389-412.

Gaertner, S. L., Dovidio, J. F., Anastasio, P. A., Bachman, B. A., & Rust, M. C. (1993). The common ingroup identity model: Recategorization and the reduction of intergroup bias. In W. Stroebe & M. Hewstone (Ed.), *European Review of social Psychology*, Vol. 4, pp. 1-26.

Gaertner S.L., Dovidio J.F. (1986). The aversive form of racism. In J.F. Dovidio, S.L. Gaertner (ed.): *Prejudice, discrimination and racism*. Orlando: Academic Press, pp. 61-90.

Gaertner, S. L., & Dovidio, J. F. (2000). *Reducing intergroup bias: The common ingroup identity model*. Philadelphia: Psychology Press.

Greenwald, A. G., McGhee, D. E., & Schwartz, J. L. K. (1998). Measuring individual differences in implicit cognition: The implicit association test. *Journal of Personality and Social Psychology*, 74, 1464-1480.

Gurin, P., Dey, E. I., Hurtado, S., & Gurin, G. (2002). Diversity and higher education: Theory and impact on educational outcomes. Harvard Educational Review, 72(3), 330–366.

Gurin, P., Lehman, J. S., & Lewis, E. (2004). *Defneding diversity: Affirmative action at the University of Michigan*. Ann Arbor, MI: University of Michigan Press.

Hamberger J., Hewstone M. (1997). Interethnic contact as a predictor of blatant and subtle prejudice: Test of a model in four West European nations. *British Journal of Social Psychology*, 35, 173-190.

Haslam, S.A., Turner, J.C., Oakes, P.J. e McGarty, C. (1992). Context-dependent variation in social stereotyping: The effects of intergroup relations as mediated by social change and frame of reference. In *European Journal of Social Psychology*, 22, pp.558-562.

Heitmeyer, W. (Ed.). (2004). Deutsche Zustande. Folge 3 [*The German situation*, Part 3.] Frankfurt am Main. Germany: Suhrkamp Verlag.

Herek, G. M., & Capitanio, J. P. (1996). Some of my best friends:Intergroup contact, concealable stigma, and heterosexuals' attitudes toward gay men and lesbians.

Personality and Social Psychology Bulletin, 22, 412–424.

Hewstone, M. (2003). Intergroup contact: Panacea for prejudice Psychologist, 16, 352–355.

Hewstone, M., & Brown, R. (1986). Contact is not enough: An intergroup perspective on the "contact hypothesis". In M. Hewstone & R. Brown (Ed.), Contact and conflict in intergroup encounters, pp.1-44. Oxford: Blackwell.

Hewstone, M., Cairns, E., Voci, A., Hamberger, J., & Niens, U. (2006). Intergroup contact, forgiveness, and experience of "The Troubles" in Northern Ireland. *Journal of Social Issues*, 62(1), 99–120.

Islam, M. R., & Hewstone, M. (1993). Dimensions of contact as predictors of intergroup anxiety, perceived out-group variability, and out-group attitude: An integrative model. *Personality and Social Psychology Bulletin*, 19, 700-710

Jaccard, J., Wan, C. K. & Turrisi, R. (1990). The detection and interpretation of interaction effects between continuous variables in multiple regression. *Multivariate Behavioral Research*, 25, pp. 467-478.

Judd, C. M. & Park, B. (1993). Definition and assessment of accuracy in social stereotypes, *Psychological Review*, 100, 109-128.

Kelman, H. (in press). Bridging individual and social change in international conflict: Contextual social psychology in action. In U. Wagner, L. Tropp, G Finchilescu, & C. Tredoux (Eds.), Improving intergroup relations: Building on the legacy of Thomas F. Pettigrew. Oxford, UK: Blackwell

La Barbera F., Andrighetto L., Trifiletti E. (2007). *Stress e videofeedback: uno studio pilota in Italia*. Bologna: Pàtron.

Lee, A. Y. (2001). The mere exposure effect: An uncertainty reduction explanation revisited. *Personality and Social Psychology Bulletin*, 27, 1255-1266.

Lee, B. A., Farrell, C. R., & Link, B. G. (2004). Revisiting the contact hypothesis: The case of public exposure to homelessness. *American Sociological Review*, 69, 40-63.

Leone L., Chirumbolo A., Aiello A. (2006). Pregiudizio sottile e pregiudizio manifesto: alcuni rilievi critici sullo strumento di Pettigrew e Meertens (1995). *Giornale Italiano di Psicologia*, 33(1),175-195.

Levin, S., van Laar, C., & Sidanius, J. (2003). The effects of ingroup and outgroup friendships on ethnic attitudes in college: A longitudinal study. *Group Processes and Intergroup Relations*, 6, pp. 76–92.

Maass A., Castelli L., Arcuri L. (2005). Misurare il pregiudizio: tecniche implicite versus esplicite. In D. Capozza, R Brown (ed.), *Identità Sociale. Orientamenti teorici e di ricerca*. Bologna: Patròn.

Mancini T., Carbone E. (2007). Identità territoriale, nazionale, europea, culturale e cosmopolita e pregiudizio latente e manifesto. Una ricerca su un gruppo di studenti universitari. *Giornale italiano di Psicologia*, 1, 117-146.

McFarland, S. (1999). Is authoritarianism sufficient to explain individual differences in prejudice? Unpublished paper delivered at the Oxford, *England meeting of the European Association for Experimental Social Psychology*.

McGarry, J., & O'Leary, B. (1995). Explaining Northern Ireland: Broken images. Oxford, UK: Blackwell

MacLure, M., Jones, L., Holmes, R. e MacRae, C. (2008) Becoming a problem: how and why children acquire a reputation as 'naughty' in the earliest years at school. Economic and Social Research Council

Mendes,W. B., Blascovich, J., Lickel, B., & Hunter, S. (2002). Challenge and threat during social interaction with and black men. *Personality and Social Psychology Bulletin*, 28, pp. 939-952.

Moghaddam (2002). *Psicologia sociale*, Bologna: Zanichelli.

Moghaddam F.M. (2008). The materialist view: from realistic conflict theory to evolutionary psychology. In F.M. Moghaddam, Multiculturalism and intergroup relations: Psychological implications for democracy in global context. Washington, DC: APA, pp. 65-88.

Paolini, S., Hewstone, M., Cairns, &Voci, A. (2004). Effects of direct and indirect cross-group friendships on judgments of Catholics and Protestants in Northern Ireland: The mediating role of an anxiety-reduction mechanism. *Personality and Social Psychology Bulletin*, 30, pp. 770–786.

Pedersen A., Walker I. (1997). Prejudice against Australian Aboriginals: Old-fashioned and modern forms. *European Journal of Social Psicology*, 27(5), pp. 561-587.

Pettigrew, T. F. (1991). *The importance of cumulative effects: A neglected emphasis of Sherif's work*. In D. Granberg & G. Sarup (Eds.), Social judgment and intergroup relations: Essays in honor of Muzafer Sherif (pp. 89–103). New York, NY: Springer-Verlag.

Pettigrew, T. F. (1998). Intergroup contact theory. *Annual Review of Psychology*, 49, 65-85.

Pettigrew, T. F. (1997). Generalized intergroup contact effects on prejudice. *Personality and Social Psychology Bulletin*, 23,173–185.

Pettigrow, T. F. (2008). Future directions for intergroup contact theory and research, *International Journal of Intercultural Relations*, 32, 187-199.

Pettigrew, T. F. & Meertens, R. W. (1995). Subtle and blatant prejudice in western Europe. *European Journal of Social Psychology*, 25, 57-75.

Pettigrew T.F., Meertens R.W. (2001). In defense of the subtle prejudice concept: a retort. *European Journal of Social Psicology*, 31, 299-310.

Pettigrew, T. F. & Tropp, L. R. (2006). A meta-analytic test of intergroup contact theory, *Journal of Personality and*

Social Psychology, 90(5), pp. 751-783.

Richeson, J. A., & Shelton, J. N. (2003). When prejudice does not pay: Effects of interracial contact on executive function. Psychological Science, 14,287-290.

Richeson, J. A., & Shelton, J. N. (2007). Negotiating interracial interactions. Current Directions in Psychological Science, 16(6), 316–320.

Richeson, J. A., Trawalter, S., & Shelton, J. N. (2005). African American's implicit racial attitudes and the depletion of executive function after interracial interactions. Social Cognition, 23, pp. 336-352.

Rubini M., Moscatelli S., 2004. Categorie e gruppi sociali: alle radici della discriminazione intergruppi. Giornale Italiano di Psicologia, 1, 25-68.

Rueda J.F., Navas M. (1996). Hacia una evaluacion de las nuevas formas del prejudicio racial: Las actitudes sutiles del racismo. Revista de Psicologia Social, 11, 131-149.

Runciman, W.G. (1966). Relative deprivation and social justice, London, Routledge; trad. it. Ineguaglianza e conoscenza sociale: l'idea di giustizia sociale nelle classi sociali, Torino, Einaudi, 1972. Rosenthal, R. (1994). Interpersonal expectancy effects: A 30-year perspective. Current Directions in Psychological Science, 3, 176-179.

Rosenthal, R. & Jacobson, L. (1992) Pygmalion in the classroom. Expanded edition, New York: Irvington Publishers

Rothbart, M. & John, O. P. (1985). Social categorization and behavioral episodes: A cognitive analysis of the effects of intergroup contact, Journal of Social Issues, 41, 81-104.

Sears D.D. (1988). Simbolic racism. In P.A. Katz, D.A. Taylor (eds.), Eliminating racism: profiles in controversy. New York: Plenum Press, pp. 53-84.

Sherif, M. (1966). In common predicament. Boston, MA: Houghton Mifflin.

Sherif M. (1967). *Social Interaction, Process and Products*. Chicago: Aldine; trad. it.: L'interazione sociale, Bologna, Il Mulino, 1972.

Shelton, J. N., Richeson, J. A., & Salvatore, J. (2005). Expecting to be the target of prejudice: Implications for interethnic interactions. *Personality and Social Psychology Bulletin*, 31(9), 1189-1202.

Shelton, J. N., Richeson, J. A., Salvatore, J., & Trawalter, S. (2005). Ironic effects of racial bias during interracial interactions. *Psychological Science*, 16(5), 397-402

Shelton, J. N., & Richeson, J. A. (2006). Ethnic minorities' racial attitudes and contact experiences with people. *Cultural Diversity and Ethnic Minority Psychology*, 12(1), 149-164

Sidanius, J., &Pratto, F. (1999). *Social dominance: An intergroup theory of social hierarchy and oppression*. Cambridge, UK: Cambridge University Press.

Snyder, M., Tanke, E.D., & Bersheid, E. (1977). Social perception and interpersonal behavior: On the self-fulfilling nature of social stereotypes. *Journal of Personality and Social Psychology*, 35, 656-666.

Stephan, W. G. & Stephan, C. W. (1985). Intergroup anxiety. *Journal of Social Issues*, 41, 157-175.

Stephan, W. G., Stephan, C. W., & Gudykunst, W. B. (1999). Anxiety in intergroup relations: A comparison of anxiety/uncertainty management theory and integrated threat theory. *International Journal of Intercultural Relations*, 23, 613–628.

Stephan,W. G., Boniecki, K. A., Ybarra, O., Bettencourt, A., Ervin, K. S., Jackson, L. A., et al. (2002). The role of threats in the racial attitudes of Blacks and s. *Personality and Social Psychology Bulletin*, 28, 1242-1254

Tajfel, H. (1981) *Human groups and social categories*. Cambridge, UK: Cambridge University Press.

Tajfel H., Billig M.G., Bundy R.P., Flament C. (1971). Social categorization and intergroup behaviour.

European Journal of Social Psychology, 1, 149-178.

Tajfel H. e Turner J.C. (1979). An integrative theory of intergroup conflict. In W.G. Austin e S. Worchel (eds.), *The Social Psychology of Intergroup Relations*. Monterey, CA: Brooks/Cole, pp. 33-47.

Tajfel, H., & Wilkes A. L. (1963). Classification and quantitative judgment, British *Journal of Social Psychology*, 54, 101-114.

Taino, D. (2009) La ricerca tedesca: Gli insegnanti non credono negli alunni e il rendimento diminuisce, Corriere della Sera, 20 settembre 2009

Taylor, D.A. e Moriarty, B.F. (1987). In-group bias as a function of competition and race. *Journal of Conflict Resolution*, 31, pp. 192-199.

Tropp, L. R., & Pettigrew, T. F. (2005a). Differential relationships between intergroup contact and affective and cognitive dimensions of prejudice. *Personality and Social Psychology Bulletin*, 31(8), pp. 1145-1158.

Tuckman, B. (1965). "Developmental Sequence in Small Groups" *Psychological Bulletin* 63 pp. 384-399.

Vala J., Brito R., Lopes D. (1999). O racismo flagrante e o racismo subtil em Portugal. In J. Vala (Ed.), *Novo racismos: Perspectivas comparativas*. Oeiras: Celta, pp. 31-59.

Vescio, T. K., Sechrist, G. B., & Paolucci, M. P. (2003). Perspective taking and prejudice reduction: The mediational role of empathy arousal and situational attributions. *European Journal of Social Psychology*, 33, 455-472.

Voci, A., & Hewstone, M. (2003). Intergroup contact and prejudice toward immigrants in Italy: The mediational role of anxiety and the moderational role of group salience. Group Processes and Intergroup Relations, 6, 37-54.

Williams, R. M., Jr (1947). The reduction of intergroup tensions. New York: *Social Science Research Council*.

Wright, S. C., Aron, A., McLaughlin-Volpe, T., &Ropp, S. A. (1997). The extended contact effect. *Journal of Personality and Social Psychology*, 73, 73–90.

Zajonc, R. B. (1968). Attitudinal effects of mere exposure. Journal of Personality and Social Psychology, 9 (Monograph Supplement, No. 2, part 2), 1–27.

Zanon, A. Come le nostre aspettative influenzano le relazioni con gli altri: l'effetto pigmalione (http://www.ilmiopsicologo.it/pagine/ come_le_nostre_aspettative_influenzano_le_relazioni_con_g li_altri_l_effetto_pigmalione.aspx) (consultato il 10 Ottobre 2010).

Zeloni Magelli E. (2010) *La Teoria della Realtà*.

www.ingramcontent.com/pod-product-compliance
Lightning Source LLC
Chambersburg PA
CBHW070935030426
42336CB00014BA/2687